新媒体科技传播案例集

钟琦 ● 主编

国际文化出版公司

·北京·

图书在版编目（CIP）数据

新媒体科技传播案例集 ／ 钟琦主编．－－ 北京：国际文化出版公司，2023.2
ISBN 978-7-5125-1505-5

Ⅰ.①新… Ⅱ.①钟… Ⅲ.①科学技术－传播学－研究 Ⅳ.① G206.2

中国国家版本馆 CIP 数据核字（2023）第 002831 号

新媒体科技传播案例集

主　　编	钟　琦
责任编辑	潘建农
策划编辑	马茜茜
品质总监	张震宇
出版发行	国际文化出版公司
经　　销	全国新华书店
印　　刷	文畅阁印刷有限公司
开　　本	880 毫米 ×1230 毫米　　32 开 6.5 印张　　　　　　　　130 千字
版　　次	2023 年 2 月第 1 版 2023 年 2 月第 1 次印刷
书　　号	ISBN 978-7-5125-1505-5
定　　价	59.80 元

国际文化出版公司
北京朝阳区东土城路乙 9 号　　　邮编：100013
总编室：（010）64270995　　　　传真：（010）64270995
销售热线：（010）64271187
传　真：（010）64271187-800
E-mail：icpc@95777.sina.net

目录

第一章 | 科普产品新形态

在地资源助力科普夜游，打造地域专属科普景观 / 3
格致论道：科普讲演新形式，超媒叙事强联动 / 13
创新设计与技术融合，塑造科普文创新形态 / 21
依托前沿大科学装置，搭建科普与研究中控平台 / 35
娱乐与教育有机平衡，实现科普与游戏无界融合 / 47
技术驱动虚实场景融合，构建沉浸式科普展演空间 / 58

第二章 | 科普短视频

共青团中央：结合热点，运用新形式、新手段传播科学精神 / 71
不刷题的吴姥姥：在悬念与互动中讲解科学知识 / 75
果壳视频：实验展示，科学解读 / 79
妈咪说：设置共鸣，完善认知，巧辟谣 / 83
没啥用科技：以诙谐幽默的话术讲述严谨理性的科学知识 / 88
模型师老原儿：结合社会主题日，填补公众认知空白 / 92
李永乐：一块黑板玩转科学知识 / 96
科普中国：四步法则让科技知识成为流行 / 99

第三章 | 县级融媒体中心的科技传播

以新媒体发力，平战结合开展科技传播 / 107

织密科技传播网，新媒体服务教育名城创建 / 116

三项硬核举措，助推全国科普示范县成功创建 / 126

打好科技传播组合拳，为乡村振兴插上科技翅膀 / 136

聚焦疫情防控，做好"融媒+科技"大文章 / 145

找规律定措施，科学精准传播疫情防控知识 / 154

勇担防震减灾使命，科技传播惠民生 / 164

借力援疆资源，科技传播服务百姓入民心 / 173

加大媒体与业务融合，成功孵化"黄埔政法融媒" / 182

视科技传播为己任，彰显新媒体的责任与担当 / 191

前　言

当前中国数字经济在新基建的带动下进入提速增质的阶段，新媒体发展进入大数据时代。"5G+"加快产业互联网发展，深刻改变人们的生活；新传播技术赋予传统文化源源不断的生机与活力，"互联网＋文化"催生网络文化新业态，文创产品不断融合经济价值与文化价值进行创新。数字社会治理注重融合治理方式，做到线上线下融合治理，数字治理手段不断得到理念认同和实际应用。全国各地县级融媒体中心在科技传播领域主动作为，集政策传导、知识科普、新闻动态、企民服务的公共服务与信息采集、数据分析、监测预警、辅助调度的决策辅助等功能于一体，数字治理的优势愈发凸显。直播和短视频仍处于发展增速期，持续发挥了公益价值、社会价值。同时国家对直播、短视频等领域的网络监管将会快速跟进并不断强化，这有助于直播和短视频从"野蛮生长"转向"精耕细作"，从而助推其健康可持续发展。

新媒体在科学传播的角色相对多元，一方面，新媒体作为新手段、新渠道出现，极大拓展了科学传播主体的广泛性与多元性，在传播科学知识、提升公众的科学素养等方面功不可没；但同时，新媒体平台上账号众多，内容多元，水平参差不齐，不乏一些谋求利益者煽动用户情绪，提供虚假内容，影响科学知识的传播与科学技术的发展。对此，应该更加重视新媒体领域中科学传播的建设性，提高新媒体平台中科学传播主体的公信力、影响力和凝聚力，在新媒体平台中应以科普为主，介绍科学知识和方法，弘扬科学精神，为公众提供专业、精准、客观的科学传播作品。

为此，中国科普研究所科学媒介研究室与中国科学技术大学、东北大学等联合开展了媒体融合视域下科普媒体产品的未来形态研究、科普视频研究以及县级融媒体中心科技传播能力评价研究等课题。结合课题研究成果，集优秀案例成为《新媒体科技传播案例集》，以期为新媒体环境下的科技传播实践提供方向与思考。

在此，编者衷心感谢周荣庭教授、任嵘嵘教授及其团队对本书的帮助和支持。科学媒介研究室将不断研究新媒体环境下的科普，紧跟时代及科普发展的要求，重视倾听用户反馈，致力于推动新媒体科普工作的高质量发展。

编 者

2023 年 1 月

第一章

科普产品新形态

媒体融合视域下科普媒体产品未来形态研究从科普新形态的背景、存在形式、特点、发展策略及未来展望等角度出发，以6个案例分析当下科普媒体产品的发展现状及存在问题，为未来媒体融合视域下科普媒体产品的未来形态提供一定的借鉴和思考。[①]

---

① 本部分案例撰稿人员有薛松、罗玉婷、余悦玫、徐文馨、张晓珂、杨晓桐、周诗涵、刘雨嫣、尤丽娜、闫丽婷、韦忆馨、沈秋月、张宇、陆凤等人。

在地资源助力科普夜游，打造地域专属科普景观

夜间旅游是一种新的文旅产业发展模式，将城市旅游的关注点从空间拓展转向了时间延展。2019年，国务院办公厅印发《关于进一步激发文化和旅游消费潜力的意见》，提出大力发展夜间文旅经济，发展基于5G（第五代移动通信技术）、超高清、AR/VR（增强现实与虚拟现实技术）、人工智能等技术的新一代沉浸式体验型文旅消费内容。夜游经济作为文旅消费中的重要组成部分，逐渐变成区域经济发展新的发力点。

沉浸式夜游是设计师通过先进的技术手段和新潮前卫的设计灵感，将夜间游览项目与观众的视觉、听觉、触觉、嗅觉等多感官实现即时交互，利用并结合当地的文化特色或者搭建一个全新的文化体验世界，让观众置身于数字化的虚拟场景中，在整个旅程中全身感官得到沉浸式审美享受，以使观众达到身临其境的感受，全身心融入深层次沉浸体验，从

而使夜游项目能达到与观众有情感交流的高度。[①] 以沉浸式夜游形式开展科普活动,一方面可以使科普受众以一种全新的视角参与、体验科学场景,从而提升科普传播效果;另一方面也能高效集成地方科普资源与技术资源,全方位打造区域专属的地标性科普景观。

一、入选理由

(一)"湘见·沱江"沉浸式夜游项目

"湘见·沱江"是祥源推出的凤凰古城沉浸式游船夜游体验项目,也是中国首个以苗族文化为故事线的夜游大作。自 2021 年 7 月首次推出以来,就为凤凰古城增添了一道亮丽的风景。项目总投资 4,000 多万元,由近 300 名文旅专家、艺术家、科学家、工程师共同联手打造,以呈现苗族文化为核心,采用高科技,将国画、动漫、真人实拍、电影视听、实景搭建、夜游装置、光影设备等多种表现形式进行巧妙融合。来自全国各地的游客在视听盛宴中,走进文学巨匠沈从文笔下的《边城》世界,品文学经典,体验浓郁民族风俗,感受翠翠和傩送之间真挚感人的爱情故事,在流光溢彩的光影互动体验中,欣赏河上全新打造的绚烂光影效果和灵动写意的国风视听。

---

① 柴彦宇.交互叙事视角下数字化夜游的沉浸式体验设计策略研究[D].江南大学,2021.

在项目第二期的升级过程中,主创团队在黄永玉大师的百米画卷中加入了凤凰古城的一年四季及凤凰古八景的意境。苗族婚礼、蜡染、打糍粑、赶边场等众多苗族民俗元素均以动画的形式加以呈现,再现出湘西苗族特有的赛龙舟、抓鸭子、赶秋节、八人秋、上刀梯、吹笙舞、椎牛祭、接龙舞等经典节庆场面。游船还可以通过卫星定位系统,让游客在船上使用手机参与互动,将凤凰、白鹭、天灯、渔船、蝴蝶、锦鲤等有趣的数字动画元素发送到画卷和水幕上,让游客体验一场夜幕之下、沱江之上的沉浸式苗族民俗文化之旅(见图1-1)。

图1-1 "湘见·沱江"沉浸式夜游项目

（二）"科学之夜"异次元星空探秘

"科学之夜"异次元星空探秘由中国科技大学终身学习实验室团队策划，以三艘"寻星者号"飞船为核心打造天文观测营地，"飞船"由大巴或集装箱改造而成，飞船内外部装饰为科幻元素。飞船内部的交互大屏（投影屏或液晶屏），使人仿佛置身宇宙中，透过舷窗看到浩瀚星辰、外星形体。点击舱内屏幕，会有 AI 语音指引游客进行交互操作，可模仿"寻星者小队"，驾驶飞船在宇宙中航行。飞船外的两台融合投影，向地面投射出宇宙星空、星球表面和其他飞船影像。通过沉浸式体验设计，让游客体验到浩瀚宇宙的无穷魅力。飞船内部还可利用高新数字技术展示基础科学（趣味物理、趣味化学、美丽化学），分为趣味 AR 科普文创体验区、高新技术创新成果展示区、量子信息技术科普区、沉浸式互动体验空间，游客通过触控屏、交互投影体验炫酷的科技场景，体验趣味科普游戏、趣味 AR 科普读物和玩具等（见图1-2）。

在运营方面，以三辆大巴为一个单位，以大巴为阵地搭建起一个妙趣横生的科普营地，以全国巡游方式做"科普万里行"。一辆车是互动体验区，以互动性强的展示内容为主；一辆车是沉浸式体验区，以炫酷的展示形式展示科普内容；一辆是保障大巴，可以提供租赁、售卖、咨询、生活保障等服务。

在夜间，游客可自带天文观星设备或到保障车租赁或购

图1-2 "科学之夜"飞船内部布局

买,由专门的服务人员指导使用,针对一些热点天文事件(超级月亮、流星雨、七月流火、木星合月)进行天文科普。普通节假日旅游也可以以观看月亮、观看银河为内容开展科普课程。

二、亮点分析

(一)沉浸式场景营造

沉浸式场景的营造是夜游项目沉浸式体验的前提。沉浸式体验的场景内容不同于自然景观,而是主要以数字文本、数字音视频、AR/VR等数字载体营造空间和场景,分为纯空间场景的营造、交互式空间场景的营造和叙事性空间场景的营造3种形式。沉浸式体验属于一种空间活动体验,以多种方式打造不同的空间意境，让人们沉浸在特定情节之中，对体验者进行多感官的刺激，使体验者跟随剧情完美沉浸，形成前所未有的全新体验。在"湘见·沱江"夜游项目的设计中，核心理念围绕属地文化展开，呈现凤凰古城的风土人情、田园牧歌式的传统文化精髓。项目以苗族文化为核心，结合光影科技与实景搭建，营造出浓郁的苗寨风情码头、唯美的翠翠竹排表演、壮阔的黄永玉百米画卷、晨光中水上油菜花田、穿越时空的虹桥隧道、龙潭渔火中爷爷的渔船、浪漫的沈从文情诗水幕等9大体验场景，令人流连忘返。

（二）IP（知识产权）与故事融合

夜游作为全新的文旅产业模式，不仅需要营造沉浸式场景，也要创新设计故事内容。通过IP和故事相融合的设计理念，让故事有一定的文化内涵，符合当地的文化特色，让游客有代入感，从而使夜游项目具备长久的生命力。"湘见·沱江"夜游项目将《边城》、苗族文化等IP融入夜游故事中，结合以动画形式呈现的苗族婚礼、蜡染、打糍粑等众多苗族民俗元素，在打造苗族特色文化故事的同时，也增加了故事情节的层次感与饱满度。在美丽的沱江夜色中，游客们从凤凰古城北门码头登船，沿沱江顺流而下，在实景与虚拟故事中徜徉，感受苗族风土人情，体验苗族生活氛围与文学故事。在项目第二期升级改造过程中，更是设计了全新的故事线，在原有游船路线上增设沱江飞天、花灯苗舟、沱江船佬、水车游船亮化等内容，并设计原创动漫形象"翠翠"，同时增加真人演员，打造苗族特色服饰、话语及行为体系，使夜游故事更加真实、饱满。

（三）超媒体叙事策略

超媒体叙事作为一种先进的内容创意理念，注重使用不同媒介开展叙事，不同媒介渠道上看似独立的故事脉络在统一的故事主线下相互关联、互为补充，从而使叙事内容和故事情节更加立体、饱满。在互联网和数字媒体技术推动下，各媒介之间的融合为超媒体叙事策略的创新发展提供了广阔空间。"湘见·沱江"通过将国画、动漫、真人实拍、电影视听、实景搭建、夜游装置、光影设备等多种表现形式进行巧妙融合，在不同媒介平台展开叙事，同时将各故事分支有机整合到整个故事框架下，在丰富叙事形式的同时，给予游客全新的体验。

（四）多感官交互式体验

在沉浸式体验的发展过程中，融合了多种先进的数字技术，包括3D全息投影技术、AR/VR及MR（混合现实）技术、激光投影显示技术（LDT）、多通道环幕（立体）投影技术等。这些技术的应用，丰富了沉浸式体验方式和形式，改变了沉浸式体验的结构和内容。数字技术的应用与交互内容的设计为游客带来多感官的交互体验，使游客可以全身心参与到夜游场景与故事中，体验极致的沉浸感。在"湘见·沱江"项目中，游船通过卫星定位系统，通过船载音箱与中控系统连通，游客在船上还可以使用手机参与互动，将凤凰、白鹭、天灯、渔船、蝴蝶、锦鲤等有趣的数字动画元素发送到画卷和水幕上，实现独享视听体验。行船过程中，游客还可选择"沱江天灯"及"沱江锦鲤"等互动游戏，共同参与到这条奇妙的航线中来。

三、设计策略

（一）IP融入故事，构建科普场景

沉浸式科普夜游在内容设计上要把重心放在故事创作与场景构建上，将趣味性故事情节作为引导游客参与体验的主线，以宏大炫酷的科普场景营造沉浸式体验。首先，故事的主题要贴合科普场景构建的需求，故事互动部分的设计要充分利用数字交互技术吸引游客的参与，同时要将游客与场景、游客之间的互动考虑进来，让故事随着游客的互动逐步展开。其次，IP在夜游等文旅项目中起着重塑文化产业格局和提升文化产业内涵的重要作用。在沉浸式科普夜游的故事设计中，将科学家形象、科学精神、大科学装置等科学IP有机融入故事中，既能丰富夜游故事线，营造真实具象化的科学场景，也能借助特色IP形成粉丝效应，将夜游项目打造成网红打卡地，形成更好的传播效果。

（二）结合在地资源，打造地标景观

对于夜游来说，时间的特殊性限定了景观所依托的并不仅仅是单纯的自然资源，还要结合其地域文化特色来设计。一个好的夜游项目不但要遵循打造宜人舒适的景观环境，同时应契合其所在地的地域文化来满足人们物质与精神的双重需求。在沉浸式科普夜游的项目设计中，要充分结合在地科学文化资源，包括当地的知名科学家、科学装置、科学故事等。同时沉浸式夜游项目往往涉及众多主体间的协作、各种软硬件供应商、内容制作团队、运营团队、地方政府机构等，因此沉浸式科普夜游项目的打造需要高效集成地区科普资源和技术资源，充分利用高校、地方博物馆、科技馆、地方科协等科普资源和软硬件技术公司等技术资源。通过结合在地资源，不仅能使夜游项目顺利落地，而且能避免出现同质化现象，打造出专属于地方的地标性景观。

（三）技术结合叙事，多维感官沉浸

由于国内沉浸式夜游起步较晚，夜游项目出现了参差不齐的现象，很多文旅企业急于求成，并没有针对当地的具体情况形成合情合理的夜游方案，导致夜游项目出现严重同质化的现象，缺乏创新和互动，变成了游客走马观花的"死景点"。很多景区打着数字化文旅的旗号，设计却还是老一套的光影配合，搭建灯光，靠灯光渲染气氛和氛围，追求光影的绚烂和变幻，缺少实质性的体验感受。因此在沉浸式科普夜游的设计中，设计者要重点关注游客的体验感受，营造多感官交互沉浸、身临其境的视听合一效果。同时灵活运用新媒体影像技术，将静态图像、动态影像、声音、文字等跨媒介叙事组合起来，通过互动性、参与性为科普夜游营造全方位的沉浸体验感。

格致论道：科普讲演新形式，超媒叙事强联动

《2023中国网络视听发展研究报告》显示，截至2022年12月，中国短视频用户规模为10.12亿人，占网民整体的94.8%。短视频作为新媒体时代的传播方式，也逐渐成为科学传播的重要途径。"短平快"模式下的科普短视频，满足了当下公众，特别是年轻人群高效获取科普资讯的需求，抓住了科普的最后一分钟。随着5G时代的到来，科普中长视频将发展为最行之有效的传播科学的方式，科普讲演是其中的新形态之一。

科普讲演经过了很长的发展过程。从逻辑关系上讲，其至少经过了3个发展阶段，最早是科学报告，属于学术交流范畴，是在科技工作者之间进行的；再就是科普宣讲，属于科普范畴，是科技工作者面向社会公众进行的；最后是科普讲演，是在科普宣讲基础上发展起来的，是科技工作者面向社会公众进行的，比科普宣讲更有吸引力、感染力，而效果也是更好的一种独特而重要的科普方式。

一、入选理由

目前，中国科普博览网站年均浏览量近 7 亿次，粉丝数在视频平台达 720 多万人，在科普视频中发展态势良好。中国科普博览所设栏目《SELF 格致论道》作为中国科普讲演视频的代表，其官方微博账号粉丝量超过 120 万人，取得了良好成果，具有研究意义。中国科普博览依托自媒体矩阵，整合优质科普资源，运用跨媒介叙事方式打造科学文化 IP，发展战略具有前瞻性。

《SELF 格致论道》作为中国科普博览的王牌栏目，是中国科学院计算机网络信息中心和中国科学院科学传播局联合主办的科学文化讲坛。它创办于 2014 年 5 月，致力于非凡思想的跨界交流，提倡以"格物致知"的精神探讨科技、教育、生活、未来的发展，旗下目前有《主题演讲》《格致论道+》《煮酒论道》《格致少年》《格致校园》等栏目。

二、亮点分析

（一）内容生产专业化

目前，多元化主体创作成为当下科普视频生产的潮流与趋势，科普视频账号依据主体的专业化程度，主要有用户生产内容、专业生产内容、职业生产内容、机器生产内容等。"格致论道"作为一个剧院式演讲，邀请科研工作者登上演讲台讲述科技、教育、生活、未来的发展等内容，可作为专业生产内容的代表。该形式的内容创作主体是由专业精英构成，生产程序偏向专业性，内容质量可控性更强，对生产者知识背景和专业资质的要求较高。科学家作为专业的科研工作者，科普是他们义不容辞的职责。2021年7月15日，中科院格致论道讲坛第70期活动"最好的致敬"中5位来自中国科学院不同学科领域的劳动模范和先进工作者分享他们的科研故事和感悟。通过科学家分享科学故事、普及科学知识、弘扬科学精神的形式更能够把握内容的专业性，使得传播效果最大化。

（二）渠道传播地域化

抖音等视频平台满足着人对自身、对群体、对地方的认同，营造出了浓烈的、人地之间的情感氛围，形成了人与人、人与地方的凝聚。同时，视频与受众的互动体现出了一种人在社会和文化影响下对地方的情感。中国科普博览除了"格致论道"主场外，还设置了"格致论道+"分会场。该分会场秉承格致论道主场风格，落地全国各大城市和地区的活动，截至目前已经在北京海淀、上海徐汇、上海浦东、广州、深圳、香港、成都、苏州、乌鲁木齐、丹东等地举办了近20场"格致论道+"演讲活动，覆盖全国上万观众。"格物致道+"以不同地域的结合形式，由当地科研机构负责运营落地，并邀请当地高校、科研机构相关人员参与演讲，实现科普讲演的地方化和特色化。以"格致论道·湾区"为例，"格致论道·湾区"是讲坛落地粤港澳大湾区的系列品牌，由广州中国科学院计算机网络信息中心、中国科学院广州分院负责运营落地，曾邀请中国科学院粒子物理学家陈和生院士、中国工程院重离子加速器物理及工程专家夏佳文院士等嘉宾。

（三）内容包装差异化

针对不同平台制作符合平台特点的内容是当下科普视频的传播营销策略之一，即作品要符合该平台受众的触媒习惯，实现不同平台的差异化传播，从而建构品牌化的视频科普矩阵。B站（哔哩哔哩）用户聚焦于学生群体，用户画像普遍年龄段偏小，亚文化圈层多元，因此"格物致道"的视频封面多加入戏谑性元素，并附上丰富的文字信息，文字多来源于视频关键字和标题。而微信用户的触媒习惯多为图文结合，在"格物致道"的微信公众号推送中，视频成为附加物，由视频本身转化的图文信息是推送的主要内容。西瓜视频更基于平台推流，社交属性较低，这一类平台更像一个表演的平台，主导比较强势，往往凭借高质量制作才能出圈，同样的内容只有制作得更好、更精良、更酷炫才能够被看到，"格物致道"在西瓜视频的推送为适应用户的阅览习惯，其往往将视频浓缩为5~10分钟时长，或分为两个视频投放，视频封面也更加趋向于商务化风格。网页端本身浏览量较少，点击网页端的用户往往基于调研或学习目的，对于视频的吸睛程度要求较低，网页端的"格致论道"封面为清一色的演讲者形象，视频完整，栏目清晰。需要注意的是，"格物致道"未将视频投入快手、微博等平台，原因是这些平台用户对于视频时长的耐性已经到了较低程度，对于视频的炫酷吸睛元素要求较高，与"格物致道"这一类严肃性演讲型的知识传播方式差异明显。这一平台矩阵布局舍弃了更大的流量池，保证了自身内容的严肃性不因平台限制而被削减。

（四）多媒联动，超媒叙事

超媒体叙事是基于当下媒体融合的趋势，将叙事内容系统地散布于多个媒体平台，每个媒体平台都在传播信息中承担独一无二的作用。超媒体叙事注重的是对网络和社交媒体的运用，线上与线下的互动，更多运用新媒体和移动互联网技术，采用多种传播手段，打破各种媒体平台之间的界限，实现从内容生产到管理过程再到传播渠道等全产业链的融合发展。IP 塑造便是超媒体叙事的策略之一。人格化的 IP 打造是当前自媒体提高用户黏性和品牌辨识度的金科玉律。"格致论道"是中国科普博览打造的非人格 IP，布局了抖音、微信公众号、百家号、学习强国、央视频等众多平台，已形成品牌效应。2019 年 11 月 23 日，中国科学院"格致论道"讲坛之"破茧"活动在深圳市少年宫举办，是"格致论道"讲坛首次落地深圳的线下演讲活动，旨在推动深圳优秀科技文化成果的传播，促进深圳与全国科技文化的交流与融合。"格致论道"在举办线下活动的同时也通过 B 站等视频平台进行线上直播,《人民日报》新媒体、央视频、百度百家号等平台进行首播,以视频的形式扩大科普的传播范围。超媒介叙事的理念已得到初步运用,科普讲演作为科普媒体形态的一种,在未来需要更加深入地运用该理论,灵活生动地进行科普。

三、设计策略

（一）激励科学家参与科普,助力科普视频专业化

当前科学家参与科学传播的意识总体上是积极的,在现有的组织动员体系下科学家也具有参与的积极性,但参与的内在动力仍显不足,并且参与的实践效果不佳,而这与缺乏对科学家参与科学传播的制度激励存在内在关联。中国科普博览《SELF 格致论道》栏目在邀请科研工作者参与科学讲演的过程中也遇到了很多阻碍。然而科学家往往才是对科学知识最了解的人群,也是弘扬科学精神的代表人物。在国外,与"格致论道"相似的科普讲演形式 TED（科技、娱乐及设计）则设立了种子基金会,2005 年起设立了 TED 大奖,每年有 3 个获奖名额,获奖者除了得到 10 万美元的奖励以外,还有机会在 TED 会议上公开阐述其 TED 愿望,而 TED 的组织者将竭尽全力帮助他们实现这样的愿望。"格致论道"可以借鉴 TED 的奖励办法为科学家给予正向反馈激励,动员科学家参与到内容生产过程中去。此外,也可以将科学讲演等形

式的科普活动列为科研单位对科研人员的考核要求。

（二）开拓地域传播窗口，增强传播接近性

科普视频的在地化可以使得视频内容更具有贴合性，视频中的本地讲演者也更能够引起当地观众的兴趣。同时，大数据技术的出现使得精准推送成为可能。微博、快手、抖音等平台都设置了本地专区，与观众同一地区的视频更有可能推荐给观众。"格致论道+"是"格致论道"地方化的产品，但在运行中也存在一定问题，如该系列致力于地域结合，但其本地化程度不深，仅体现在演讲嘉宾的地域来源以及运营机构的属地，在内容层面缺乏深度结合，未体现出地域化特征。以"格致论道·湾区"的演讲主题"深海鲸落""躁郁症的双面人生"等为例，这些演讲主题都缺乏和地域性的巧妙结合，未体现其知识传播的地域特征。此外，或是由于"格致论道+"的主体未呈现地区特色，因此其地域色彩也并未在线上传播渠道的标题或摘要中有所体现。未来在内容层面可以进行进一步思考，将地域作为小切口，科学作为大主题，将该系列打造为地域性品牌，使"格物论道+"视频得以成为科学传播的地域窗口。

（三）搭建集群式交互矩阵，加强信息联动

从科学传播+短视频的发展趋势来看，账号之间进行联合引流，已成为科学传播的发展方向之一。在科普短视频圈群构成特征中发现，账号在科学传播中也形成了小部分的集群式交互矩阵。当不同的科普话题出现时，相关科普短视频账号应该进入系统的信息联动模式，保证受众能在各类科普短视频账号中获取到全面且权威的科学知识。适当增加科普短视频账号成员之间的互动，以提升整体社交网络密度，能够加快信息传播效率，提高科学传播的有效性，积极进行联合引流，促进整个平台中的科学传播效果，实现多方位纵横交叉的信息联动。同时，关注其他账号，很有可能从中发现问题，这时便可以对平台中各种博眼球的假科普、伪科普进行辟谣，从而净化科普环境。

（四）弘扬科学精神，激发全民科普热情

"格致论道"公益讲坛尝试打破过去纯粹以"知识传播"为主的科普形式，专注于思想的传播，力图从思想的源头上促进公众参与科学的积极性。优秀的科普作品不在于向读者或受众灌输多少知识，而是能改变或影响人的人生观、世界观和价值观。科普讲演在将科学知识、科研成果转换为科普知识时，也连同其中蕴含的科学精神、科学方法一同传达给了社会公众。"格致论道"作为科普讲演的平台是科研工作者直接参与科普的重要方式，通过科学家讲述科研故事与科研成果，传递科学精神。

创新设计与技术融合，塑造科普文创新形态

科普文创产品是一种由科普资源开发、体现科学内涵、传播科学文化、且便于交易的创意产品。[1]将文创产品注入科学元素，孕育出文化与科技融合背景下科普媒体产品的创新形态，在一定程度上为科普媒体演进提供借鉴，启迪新思路，同时连接科学与受众，促进科普媒体产品的发展。科普文创产品不仅丰富了文创产品的内容和形式，而且有助于拓展科普宣传渠道，增强科普宣传效果，为公众汲取科学知识、感悟科学文化提供了一种新途径。

随着5G、VR/AR、人工智能、物联网等新兴技术的发展与应用，科普文创产品迎来了多维度创新的可能，有望突破传统文创产品的设计形式和传播方式，从而满足市场需求，服务于科学普及的需要。[2]

---

[1] 周荣庭，周宏远.数字化时代科普文创产品的设计与传播研究[J].自然科学博物馆研究，2019，4（19）：20-26+84.
[2] 张尧.基于博物馆资源的文化创意产品开发设计研究[D].苏州大学，2015.

一、入选理由

作为国内科普平台的代表，果壳网贯彻"让科学流行起来"的理念，通过优质的内容和产品向公众传播积极、正面、科学的知识，传递科学价值观，助力全民科学素质建设。

《物种日历》作为当下中国科普文创界的代表作品之一，既是果壳拓展产品品类、发展文创事业的成功案例，也是唤醒自然意识、播扬科学文化的重要典型。其采用日历这一随处可见的生活用品形式，对萌化的手绘物种写真和物种小知识进行呈现，就如同一本随手可得的自然百科全书一般。《物种日历》一进入市场就备受追捧，2015年首次面市时，48小时内2万册便销售一空，目前累计销量超过100万册。

从诞生至今，每年的《物种日历》都拥有一个独特的主题：城市、餐桌、萌物、文明、世界城市、人类和物种之间的故事、博物馆。它在有限的空间内为读者传递有效的文化知识，满足读者的快文化需求。它既是一本设计巧妙、精美实用的台历，又是用户一年的阅读索引——每天一篇生动有趣的物种介绍，将会准时通过公众号推送到你的眼前。果壳网通过在日历上加入二维码，将线下的实体产品与线上文章紧密结合起来，赋予了日历崭新的形态，打造出实体与线上交互的新型科学知识传播路径。

二、亮点分析

（一）产品创新设计

1. 挖掘市场需求，兼具"实用""审美"

科普文创产品的本质是面向用户的产品，以用户需求为导向进行产品设计是科普文创产品最大限度地达到普及效果的前提。果壳商店的用户群体主要集中在一二线城市，以 20~35 岁的年轻人为主，他们拥有鲜明的科学价值观，喜爱新潮科技，较为忙碌，对世界充满好奇心，乐于接受新知识、新观念。因此，果壳商店利用有限的空间为读者传递有效的科学文化知识，满足读者快文化与寻求科学知识的需求（见图 1-3）。

图 1-3 果壳商店

《物种日历》将系统性的科学内容拆分为知识单元，每天提供一定数量的知识信息，内容大多是一段话、一张图。

这使得用户在短暂的时光中也可以获得足够的信息。除了以用户需求为导向，科普文创产品的设计也需要兼顾实用性与审美感。日历书的设计满足了当代人的审美需求，一本外皮和日历完全可以拆开的小本。其外皮可以正反面反折，在日历重心的作用下，可以完全地反折站立。日历一张又一张比较巧妙地黏合在一起，在纸张的顶端制作有撕折的虚线，可以很好地反折或撕扯，并且它既可以成为旅行时记录点滴美好的手账，又可以成为生日礼物的佳选。多样的形式为读者提供了更多实用性的选择。

2. 联结各界优势，聚力组织协同

科普文创产品的设计创作是权威科学内容、创新美观设计等各要素的结合，而开发者往往难以具备所有要素，组织间协同是实现产品良好设计的路径。果壳商店配合自己的科学顾问团队，确保科普文创产品的创作符合基本的科学事实。《物种日历》中内容的科学性依托科学编辑的学术背景，100人左右的科学顾问团队为内容的权威性背书，并且开发者也在果壳网站上召集资深的科学爱好者，邀请他们加入内容的审核与建议中。2017年的《物种日历》由中科院动物所90后研究员邹征廷撰文。流程从确定主题到选择物种再到约稿，历经若干轮审核、沟通、改稿、确认，每年3月到10月才最终完成。果壳网也积极与其他领域企业进行"二次开发"合作，如蚂蚁森林、路虎、雀巢等。其科普文创借力合作方的创意设计资源和其他品牌厂商的力量，让科学得到更广泛的传播和认知。如果壳网和那禾壹壹工作室联名推出的"八大行星"系列手串和项链,由天然矿石的色泽纹理联系到行星的外观,既兼具美观又富有意涵,累计销售超过1万件,还包括其他优质产品(见图1-4、图1-5、图1-6)。

图1-4 果壳科普文创的部分联名产品(1)

图1-5 果壳科普文创的部分联名产品(2)

图1-6 果壳科普文创产品的部分合作方

3. 集成多维技术,融入无界科普

《物种日历》作为2015年推出的科普文创产品,集合了当时较为新兴的技术形态,反映了未来技术集合的发展趋势。日历中每一页的背面都印有二维码,手机微信扫码就可在公众号中查看日历上的物种信息。物种日历公众号每天推送的

时间固定在午夜 12 点，每次发送一篇介绍物种的文章。因此，虽然日历是一本有界限的实体科普文创，但是通过二维码搭载科普知识的方式，拥有一本《物种日历》相当于拥有了一本关于物种的百科知识大全，这是利用技术集合所完成的从有界到无界的跨越。与此同时，《物种日历》的相关信息也集合在果壳的官方网站上。而网站上不仅汇聚着物种的信息，果壳网将科普知识分为"科学人——我是科学家，我来做科普""《物种日历》——丰富走心的自然科普""吃货研究所——美食科普领域的开拓者""美丽也是技术活——变美的路上，不走弯路"。因此日历集合了官方微信与网站的全方位科普知识（见图 1-7、图 1-8）。

图 1-7　果壳网页界面（1）　　图 1-8　果壳网页界面（2）

4. 创新传播形式，提升科普效果

数字化时代科普文创产品创新设计的主要策略取向包括艺术化、互动化、娱乐化和智能化。科普文创产品的艺术化设计策略要求将产品所承载的内容以可视化、美观的形式展现，在产品设计中融入美学元素，最终主要通过色彩、造型

等特征表现出来，呈现科学之美。《物种日历》中手绘生物的身型、颜色、比例都经过了严谨的考究，科学精准的同时也实现审美升级，提高应用价值，给用户完美的产品体验。数字化时代科普文创产品的智能化设计应以设计界面、启发公众、集成资源和凸显个性的思路来进行。① 这要求科普文创产品以用户为中心，具备启发性，传播科学知识与科学精神等内容以提升公众的科学素养。而《物种日历》将艺术化策略与智能化策略完美地融合于一体。《物种日历》的精美制作与科学可视化不仅仅是在视觉层面的一个概念，而且激发了用户的好奇心，使得用户看到这个产品之后，愿意了解它背后的故事。这是果壳对于美与科学启发更深层次的理解，并且《物种日历》作为日历界的超级 IP 也打造了科学个性化属性（见图 1-9）。

图 1-9 2017 年的果壳《物种日历》

---

① 周荣庭，周宏远.数字化时代科普文创产品的设计与传播研究[J].自然科学博物馆研究，2019，4（19）：20-26+84.

互动化策略强调用户与科普文创产品间的交流，这加深了用户对科普内容的理解，带给用户新鲜的体验感。以《物种日历2021熄灯号》为例，用户拆开快递首先会看到一个木纹外盒，用户搭配附赠的折页，就可获得一组"鳞翅目标本"，经过组装可以形成一个博物馆标本盒（见图1-10）。这是实物产品的互动，互动化策略往往能增加科普文创产品的趣味性，因此互动化策略与娱乐性策略联系紧密。而在娱乐化策略中，内容的趣味性及表达的通俗易懂是其基本所在，如《物种日历》在推文中经常用"带毒的小怪物""可爱带来的悲剧"等具有亲和力的文本拉近与用户的距离，用话题内容为其增添趣味性。

图1-10 "鳞翅目标本"成品图

（二）产品营销推广

1. 结合生活场景，拓展多重功能

"场景在移动互联网营销中的应用，不是简单地等同于我们看到的销售渠道，它是由人、地点、时间、需求、情绪等多维度构建出来的一个小世界。"①场景可以实现内容与产品的精准传达。果壳在打造《物种日历》的过程中，无疑是具备场景思维的。首先，果壳考虑到大部分用户的日历使用场景是办公室，而办公室没有墙可以悬挂日历，于是将日历设计成了可以摆放在桌面的台历。其次，考虑到日历除了出现在用户日常使用的场景中，也可能出现在送礼的场景作为礼物被送出去，果壳专门推出了礼盒版的《物种日历》。除了日历本体外，用户还可以根据自己的需求选择不同的礼盒搭配，如2021年的两种礼盒分别是生活家礼盒（日历加精品挂耳咖啡）和行动派礼盒（日历加效率笔记本）。最后，《物种日历》绝不仅仅是一本日历，背面的记事小册子可以满足喜欢记录和生活规划的用户的需求。2021版日历的木纹外盒，搭配附赠的折页，更是能做出一个博物馆标本盒（见图1-11）。

图1-11 《物种日历》2021·生活家礼盒

---

① 唐兴通.引爆社群：移动互联网时代下的新4C法则[M].北京：机械工业出版社，2017：37.

2. 打造专属社群，增加用户黏性

《物种日历》的用户通过扫描产品上的二维码关注公众号并且阅读相关文章，其实就与其他购买果壳产品的自然科学爱好者绑定成为一个社群。这个社群的用户对自然科学有着共同的喜好，也认同果壳的科学理念，由此形成了基于情感和价值认同的社交生态圈。在社群里面，果壳不断培养用户对自然的好奇心，围绕产品产出内容，为用户提供延伸知识或者产品使用上的指导。社群良好的反馈机制也有利于果壳不断地进行产品的互动和迭代。社群运营的最终目的是增加用户黏性，这就要求提高用户在社群中的参与感，而话题和活动正是点燃社群、激发社群互动的有效手段。

3. 注重精神体验，内容贴近生活

《物种日历》充分发掘物种与人类的关系，将科学文化元素融入公众生活，诠释好科学文化内涵，也让公众在其中获得美的享受与精神的滋养。注重用户审美和精神体验的同时，《物种日历》也兼顾了内容的生活化。每年的主题确立都是基于前一年的内容和用户的喜好，比如2015年的主题"城市"，以环保为切入点，让更多人了解生活在身边的物种，唤起用户的物种保护意识。2016年的主题"餐桌"，以食物为切入点，向用户介绍那些常出现在人类餐桌上的物种。这些知识生动有趣、贴近用户生活，虽是科学普及，却并不阳春白雪。内容短小精悍、依附固定主题，系统而极具可读性。

第一章
科普产品新形态

4. 借力意见领袖，连接线上线下

连接是互联网的基本功能，也是公认的互联网的内在法则之一，而人亦是社会化的动物，需要连接。[①] 果壳通过线上社群将用户连接起来，但在社群内部的传播之中，亦有重要的节点人物，即传播学中所说的网络意见领袖。这些意见领袖与普通爱好者最大的不同之处就在于其一般具有良好的自然科学专业背景，在专业领域的科普之中有一定的权威性。果壳与这些意见领袖合作，通过举办讲座的形式，为聚集在线上社群中的自然科学爱好者们提供了线下的连接路径，连通线上与线下，既增强了社群的凝聚力，也促进了产品的持续传播。目前，《物种日历》已经在清华大学、中国农业大学、北京林业大学等学校成功举办了"物种日历大家聊"系列讲座，获得普遍好评（见图1-12）。

图1-12 《物种日历》作者张博然在清华大学的"物种日历大家聊"讲座

---

① 彭兰.连接与反连接：互联网法则的摇摆[J].国际新闻界，2019（2）：20-37.

三、设计策略

（一）虚拟与现实融合，塑造科普文创新形态

2021年，伴随着"元宇宙"概念的兴起，人们开始期待通过多种新技术的整合培育出新型虚实相融的互联网应用和社会形态。科普文创可以应用机器学习、图像识别、语音识别、同声传译和大数据分析等人工智能技术，以期实现科学文化与创意的新突破。拥有无穷潜能的虚拟现实技术为科普文创产品的发展带来广阔的空间。例如，百度与中国科技馆合作推出《穿越华夏科技2000年》AI科普书，利用AR技术将虚拟影像与现实生活相结合，实现多感官联动，让科学文化元素焕发新的活力。打开百度的AR功能扫描书中的插图，就能看到生动立体的AR图像，用户可以与立体的AR图像互动合影，同时学习各种科技小知识。

（二）重塑产品价值，满足用户自我实现

文创产品所包含的审美价值和文化价值与个人身份高度契合，是个人价值观的映射，也是建构自我身份认同和身份确证的重要语言。科普文创产品不同于一般的文创产品，它具有科学文化的加持，产品的科普功能是产品最独特的优势，要抓住科学爱好者的品位，实现文化和教育的功能。通过科学知识与文化的传达提升用户科学素养，让用户在自我实现的道路上做一把不会亏本的精神投资。此外，科普文创产品

还要拓展产品的附加功能，使其能够应用在生活的不同场景，以拓展产品的价值。

（三）精耕特色IP，构建鲜明科学价值观

一个强大的IP品牌能让消费者清晰识别并唤起对品牌的联想，进而促进对产品的消费需求。IP既可以凸显消费者与品牌建立的熟悉感，又可以串联起不同科普文创产品的本质联系。科普文创产品在进行品牌运作时，首先要做好IP定位，围绕核心IP提炼科学符号，让产品本身成为科学的诠释载体，为IP打造良好基础；其次要讲好IP故事，针对消费者设计独特而易记的故事IP，引起情感共鸣；再次是设计简单可爱的IP形象，通过衍生品引入大众生活，提升大众的艺术品位；最后是建立多元化营销，通过网站、淘宝、微博、微信公众号、直播等，吸引用户主动参与到产品的传播中。

（四）洞察用户痛点，实现产品更新迭代

一个科普文创产品能否成功是难以预知的，但是对目标用户的洞察和理解可以为产品的开发设计提供方向性的帮助。随着科普文创产品与移动智能设备的连接以及用户在社群中的反馈，我们可以获取大量用户行为数据，通过大数据分析了解用户行为规律，洞察用户需求，从而指导产品与服务的迭代更新以及后续的开发设计。《物种日历》就是从网站、公众号、社群、销售端获取用户消费行为数据与反馈，以用

户需求为出发点，进而打造新一年的日历主题与内容。

（五）集聚各界特色优势，联袂打造跨界产品

科普文创产品需要强强联合，融合科普界、艺术界，以及 IP 界的各类资源优势。果壳这类泛科技主题网站拥有较多科普资源，为了追求更好的科学传播形式，需采取与清华大学、中央美术学院等展开合作，从而打造更加具艺术性的科普文创产品。科技馆是科普文创产品的主体，但其属于公益性机构，可投入文创设计中的资金和人才有限。因此对于科技馆来说，协同合作、不断创新才能创造更多优质科普资源。2018 年 9 月 21 日，中国科学技术馆与百度公司在北京签署战略合作协议。双方将借助各自在技术、资源方面的优势，在场馆信息化、科普教育、科普文创等领域开展合作。科普文创的跨界联合是现实需求所驱，并且前几年的实践也取得了相应的成果。未来会有更广泛的主体参与到文化创意生产的过程中，共同推动文化价值和产业价值的相互赋能。

依托前沿大科学装置，搭建科普与研究中控平台

随着2016年12月19日教育部等11个部门联合印发《关于推进中小学生研学旅行的意见》，"研学旅行"一词得以广泛传播。研学旅行被纳入学校教育教学计划，列为中小学生的"必修课"，为发展科普研学旅行提供了广阔的发展空间和巨大的市场潜力。科普研学旅行是以旅游活动为载体，在旅游产品中增加科普教育内容，寓教于游，寓教于乐，使旅游者在旅行的过程中受到教育，获得科学知识，潜移默化提升科学文化素质，集知识性、教育性、趣味性和娱乐性为一体的旅游形式。将科普与旅游深度捆绑，让科普活动成为科技旅游和科普研学的重要内容。

研学旅行可作为新型的科普形式，提升线下科普活动的吸引力。研学旅行注重活动的知识性、趣味性，能达到提升参与者科学素养的目的。以研学旅行为活动形式的科普教育，强调在校外的社会与自然环境中进行，体验更真实，感受更直观，对久居城市、亲近自然机会较少的青少年具有更大的吸引力。

一、入选理由

（一）量子科学馆

量子科学馆位于安徽省合肥市龙泉山欢乐森林综合实践教育营地。量子科学馆是以普及量子知识为主题的研学基地，兼具主题性、娱乐性、科学性，将科学研究与科学普及并重，目的是让观众了解科学家的工作，了解量子力学的前沿发展，更加支持我国科研事业的发展。主题设计以量子科普教育为首要宗旨，为儿童、青少年构建科学乐园，建设开拓创新思维与想象空间的实践基地。展项涵盖认知量子科学的基本知识、了解量子科学的发展历程，以量子信息技术为核心，展示中国在量子信息技术上的科研贡献。提倡"创意科普"使用先进的展示手段，利用光影元素与自然色彩，突出光子既表现为粒子又表现为波，这一量子力学的基础重大发现。中国科技大学先进技术研究院的技术与平台优势，使量子科学馆成为量子科技展示与科普研学教育的载体，在这个基础上探索科学传播和科学教育的新方法和新模式。

（二）中国天眼科普基地

中国天眼科普基地位于贵州省平塘县克度镇的平塘天文小镇，依托国家重点科技设施500米口径球面射电望远镜（Five hundred meter Aperture Spherical Telescope，简称FAST）在未来20~30年内保持国际领先水平的世界品牌效应而建设，由

"天眼"和平塘天文科学文化园组成。中国天眼科普基地观天探地课程以天文科教游学为主，将国际天文体验馆、国际天文科普旅游文化园、中国天眼观景台设计成天文科普游学线路，并将平塘周边的天坑等其他自然景观和地域民俗活动融入游学线路中丰富游学内容。基地基于自身研学资源与学生认知特点，针对10~18岁的中小学生设置了系列研学课程，主要包括参观天文体验馆、FAST、国内最大的天坑群落等，旨在向学生普及天文知识，开阔学生视野，激发学生对科学知识的学习兴趣，为我国科技事业培养后备力量。

中国天眼科普基地立足强大的天文科普资源优势，坚持"引进来"和"走出去"相结合，深化中国天眼科普基地的天文科学文化，积极创建中国天眼科普基地研学实践教育基地，与拥有10年儿童活动策划经验和户外拓展活动经验的管家式营地机构建立了战略合作关系，打造了一支拥有20余名专业研学导师、领队的研学团队，研学旅行活动开发获得了地方县委、县政府的高度赞扬和同行的高度评价。

二、亮点分析

（一）量子科学馆

1. 紧贴课程的场地设计

量子科学馆由2个室内场馆和1个户外迷宫共同组成一个内容沉浸式的研学场地。整体的游览流程从户外到室内遵循一个连贯的教学逻辑：从人对事物的最初认识，到了解它的本质，最后到它的应用，整个场地的所有设施被这样一条教学逻辑链有机地整合在了一起，给小朋友带来连贯沉浸的研学体验。

目前很多科普研学基地是基于博物馆、科技馆、纪念馆等场所，他们虽然能够在一定程度上达到研学的目的，但是其本身的场馆不是为研学而设计，因此在结合场馆进行一体化的课程设计方面表现得并不理想。但为了研学而专门设计的场地则能够更契合课程的设计理念，增强课堂沉浸感。

2. 优秀师资促进互动式教育

量子科学馆通过营造特殊的场景和氛围，利用具有较高互动能力的教师去向孩子们反复地互动提问，让孩子们能够积极地举手回答。年纪较小的孩子在学习的过程中难以集中精力，尤其对于他们听不懂或不感兴趣的内容。想要达到较好的研学效果，除了要维持好课堂纪律外，一定要激发孩子的兴趣，诱导他们积极参与课堂研学。

在量子科学馆运营的过程中，他们发现孩子参与积极性最高的环节是小朋友分组的互动项目，这样的设计利用了孩子的好胜心，通过竞争的方式让孩子积极地参与其中。量子科学馆在课程设计中还加入了角色扮演的话剧环节，由老师带领学生分别扮演量子研究发展史上的科学家，通过论述实验结果来证明自己的结论。这样的互动式教育对师资力量要求较高，但能够很好地激发孩子的学习积极性。

3. 新技术助力内容呈现

量子科学馆在展陈中灵活使用了 AR 互动、全息投影等新技术，并针对不同的展品应用最适合的表现方式。在不同的场景下应该使用不同的表现形式，例如在人流量较大的情况下，只有少数人能体验的内容呈现形式就不合时宜。量子科学馆的互动墙采用了互动听筒的形式讲述科学家故事，游客可以将听筒放在对应科学家发现的公式后，墙面局部将开始播放介绍视频，听筒也开始同步放出声音。这样的听筒在现场有 10 个左右，可以同时允许多个游客同时观看不同的科学家的故事，且听筒仅自己能听到声音，不会影响到其他游客。在话剧课堂中老师利用 AR 摄像头将学生在画面中变成数学家，由他们来演绎量子发展史中科学家们对量子理论的争论过程，从而巩固科学知识，这样的形式能够有效地吸引学生的注意力，也让教学过程更加沉浸化。量子科学馆的展品一边抓技术，一边抓内容，用技术辅助内容的呈现，把他们有机地融合起来，使内容能达到更好的传播效果。

4. 以研促学，以实操激发兴趣

"科普研学"相比于普通的科学教育课程将重点由"学"转为了"研"，"研"的优势在于亲手实践能够更好地记住知识点。量子科学馆设计了大量学生能摸能玩的展品，让学生在自己摸索的过程中体验解答疑惑，例如通过释放小球激发计数装置来了解二进制；直接操作密码机了解经典的加密装置及其原理；跟着老师组装激光装置，通过实验产生的不同现象来学习光的波粒二象性、光电效应等相关知识；模拟墨子号总控中心，分组实际操作量子加密过程，了解量子加密技术的实际应用。量子科学馆将传统展馆的以"看"为主的展陈转变为了以"试"为主的体验，将传统科学教育的以说教为主的课堂转变为自主研究学习的课堂。对于量子这种前沿的科学概念，年龄较小的孩子难以理解也通常缺少学习的兴趣，因此如果用实际操作吸引孩子的注意力，用他们能够理解的研究过程带领学习，能实际地让孩子记住科学概念，学习科研精神。

（二）中国天眼科普基地

1. 沉浸式主题游览，夜游观测宇宙探秘

中国天眼科普基地坐落于贵州省平塘县大型景区。以天文命名的特色小镇区域内所有建筑均以"天眼"相关主题命名，围绕"宇宙、生命、人"。塑造用户、场景一体化的沉浸式体验，从贵阳龙洞堡国际机场到达平塘天文小镇要经过平塘县、克度镇，从克度镇到达下辖的平塘天文小镇，必经之地"天空之桥"现已成了网红打卡地（见图1-13）。进入平塘天文小镇，除天眼主体、天文体验馆、天文科普旅游文化园之外，街区有许多天文艺术建筑、天文餐饮购物商店、天文酒店等天文主题配套设施。

技术创新主要体现于场馆的技术设计，中标的技术团队会定期地更新场馆的技术设备，运营场馆的企业人员会挑选

图1-13 平塘"天空之桥"

最符合主题的设计来使用。VR技术既使用一些普通大众熟知的设备，同时探索其他尽可能多的新技术。平塘国际天文体验馆主体建筑依托500米口径球面射电望远镜，运用业内最新智慧互动展示科技，打造世界顶尖射电天文体验空间。该馆共分上下两层，一层为序厅、星际探秘儿童天文园、银河映象射电天文厅、星云探秘天文科普厅。二层为天文临展区，主要展区有观景长廊、天象影院、FAST观测体验。展陈既包括传统长期或临时展项，又包括新技术展项、科技与文化结合展项、IP主题展项。分为4个风格各异的常设展区，即1个高科技特种影院、1个科学艺术长廊、1个主题活动区和1个临时展厅。

白天，观赏天眼主体、天文体验馆、科普文化园；夜晚，沉浸式夜游天文夜景小镇，观看天幕灯光秀。景区首选的天眼迎宾馆设有阳台和望远镜，以供游客夜晚观测星象。场地的独特性衍生出带有地方特色的主题游览。

2. 调研用户真实需求，迭代命题式课程

教学场地主要分成两个部分，第一个部分是天眼的核心部分，由国家指导天文台设计；第二个部分是天文体验馆，由地方政府去组建。内容设计由专业团队完成，研学课程经过实地调研、设计包装、专家把关3个步骤完成，教师由天文台的专家定期培训。课程的设计理念为命题式，每一个阶段设置特定主题，2021年5月30日推出的全新研学课题，小学研学课题名为"新球天梯"，初中研学课题名为"回望地球"，高中研学课题名为"致牛顿的信"，新课程将帮助不同阶段的学生了解宇宙环境是什么、探测宇宙的方法是什么等问题。每一个新课程的推出都会先组织本地学校的学生来学习，当作课程效果的预调研，对这些学生进行了反馈意见的收集，进而不断地打磨课程，再把这些课程广泛地向社会推广。

3. 中央和地方政府官方宣传，自带IP传播科学家精神

中国天眼科普基地自带"大国重器"这个天然IP。中国天眼是中国科学院国家天文台和贵州省政府共建的"十一五"国家重大科技项目——500米口径球面射电望远镜，是世界大科学工程。平塘国际天文体验馆是贵州省人民政府为贯彻落实科教兴国战略、宣传中国天眼，对公众进行科普教育的公益性机构，是中国重要的科普教育基地和精神文明建设基地。中央媒体，例如央视1台、央视3台、央视10台对中国国家

天文台首席科学家南仁东的个人以及团队进行专题专访，以及习近平主席 2019 年新年贺词等提到中国天眼，产生官方宣传效果。

平塘县政府一直给予天眼科普基地政策支持。除了促成科普基地的建成，还规定当地学校学生两年内修完科普基地的课程学分，实现学校科普研学全覆盖。县电视台主持人录制天眼科普系列视频展示于馆内，给当地人以亲切感。天眼科普基地主打 IP 为 FAST，目前从研学产品和文创两个方面来宣传，例如研学产品打造了一个无人区绿色食品的概念，游客可模拟舱内植物灌溉过程。文创产品由外包公司进行设计，紧扣大国重器的前沿科研设备。科学家精神 IP，体现在天眼科普基地的南仁东事迹馆。目前有实物、图文、视频等展示形式，但缺少互动展览（见图 1-14）。

图 1-14　南仁东事迹馆内部

4. 依托地方资源设计线路，培养科技事业后备军

中国天眼科普基地依托中国天眼观景台的天然优势，设计国际天文体验馆、国际天文科普旅游文化园、中国天眼观景台设计成天文科普游学线路，"游"主要包括参观天文体验馆、FAST、国内最大的天坑群落等，"学"主要包括研学课程，游学线路融入基地周围的自然景观"天坑"和地域民俗活动以丰富游学内容。课程同时基于学生认知特点，针对10~18岁的中小学生设置了系列研学课程，根据不同年龄层次的理解力把天文学的相关知识转化成他们能听懂的东西，通过老师教给学生。10~12岁学生参与的天文科普活动一为天文小课堂，由景区讲解员为学生讲解小知识，培养学生探索科学的兴趣爱好；二为光学望远镜拼装，由景区专业人员组织学生到定点区域学习光学望远镜的拼装，让小学生了解最基础的天文观测设备。12~18岁学生一为体验扎染手工课堂，在工作人员的指导下学习具有少数民族特色的手工扎染技艺，将自己对星空的印象留在一方手帕间，陶冶情操，提升审美素养；二为乘坐观光电瓶车游览天文小镇夜景，天文小镇所有夜景项目均融入了天文元素，通过实际观察，更容易使抽象的概念具象化；三为光学望远镜拼装、观测，使用先进的望远镜设备观测天体，教学结合，激发学生的兴趣；四为在时光之门、时光"克"度等区域开展其他兴趣活动，比如露营。

三、设计策略

（一）聚焦前沿科技，打造新 IP

首先，前沿科技得力于大众媒体的关注和宣传，本身对社会公众就具有一定的吸引力，这使这类主题的研学旅行的营销具有得天独厚的优势。例如量子、探月、暗物质等前沿科技内容，依托这些内容打造新的科技 IP 具有较好的前景。

其次，依托前沿科技 IP 打造的科普研学课程具有较强的可复制性。不同于依托科技馆、自然科学博物馆、重大科研设备等打造的科普研学，为前沿科技科普设计的研学课程不需要限制在特定的场所，能够在更多的地区打造相似的研学课程，使科普研学得到更好的推广，使更多的学生受益。

（二）打造中控平台，以点带面资源共享

随着 20 世纪 90 年代多媒体教室的出现，中控作为提高管理效率和简化操作不可缺少的设备也随之出现。网络集成即网络中控，它可以解决多个多媒体教室无法互联的问题，并且降低了设备管理难度。未来可以形成三个层级的平台流动控制。第一层级，是最具优势的科普研学产品可以作为总控，这是各方面实力最强大的全国科普研学中心，如中国科学院、中国科学技术大学等科技支撑丰富的地点。第二层级，为各地区特色资源优势所在地，是一个总控中心下的一个个分控子中心。第三层级，是在分控的带动下出现的科普研学基地，

这些地区不具备资源优势，但有科普研学需求，依靠接收总控、分控中心辐射进行资源共享，复制利用。每一个中心设计从课程开发、课程设计、课程执行、协调管理、安全管控几方面进行统筹。科普研学整体系统的未来运行依靠部门联合合作、政策研学主导、课程体系化、市场规范化、法律部法规体系、安全保障共同源源不断输送良性支持。集中管控、简化操作。传统科普研学逐渐向智慧科普研学过渡，不断迭代更新成为智能型中控。

娱乐与教育有机平衡，
实现科普与游戏无界融合

在《科普游戏导论：游戏赋能科学教育》中对科普游戏的定义是以科普为目的，以互联网、移动存储设备等为数据传输的介质，参与者可以从中获得科学知识、科学思想、科学方法和科学精神，以培养游戏用户的知识、技能、情感、态度、价值观为目的的电子游戏，是5G大数据时代教育资源数字化、IP化、跨界性的应用。[①]

一、入选理由

上海科技馆和上海科学院于2020年"5·18"国际博物馆日达成了科普游戏平台建设的战略合作关系，双方将致力于推动科普游戏研发技术进步及成果应用转化和推广，优势互补、跨界融合，通过建设上海科普游戏数据库、素材库、资源库，共同打造"科普＋游戏"开放共享合作平台，培育

---

① 张光斌,宋瑞玲,王小明.科普游戏导论:游戏赋能科学教育[M].北京：电子工业出版社，2021.

并形成具有国际视野、时代特点、上海特色的优质科普品牌项目，架起公众与科学家沟通的桥梁，拉近科学与公众的距离。

上海科技馆持续开展科普游戏的探索和尝试，目前已开发35款科普小游戏，其馆内通过项目建设、课题研究等多种形式支持对科普游戏的实践探索；馆外则联合高校、院所及企业申报各类课题，并与上海戏剧学院、完美时空软件有限公司、盛大游戏、果壳网等联合申报国家科技部重大专项项目及上海市文化创意产业扶持重点课题。上海科技馆不仅通过科普场馆探索推进科普游戏发展，而且以科学和艺术为应用重点建设科普游戏平台，围绕科普游戏产业培养未来科普游戏创新型、复合型人才。

其中上海科技馆线上H5科普游戏《探索鲸奇世界》就是以科技馆原创展览《鲸奇世界》展示内容开发而成的，游戏以鲸豚为主题，玩家需要通过玩游戏的方式喂养和救助鲸豚，并在游玩的过程中解锁鲸豚图鉴，该游戏在进行科普的同时也有意引发玩家的好奇心，在奖励设置上满足玩家的需求。

二、亮点分析

（一）科普游戏线上平台

目前在我国的科普网络游戏市场中，客户端游戏是科普游戏的主流。科普网络游戏的开发是以科学教育为目的，但是许多优秀的科普网络游戏在获得了巨大的用户群体同时，也拉动了经济的增长。许多科普展示会和科技馆都会通过开发科普网络游戏来提高自身的浏览量。以上海科技馆平台科普游戏为例，其线上开发的科普游戏作用有二：一是为了吸引游客兴趣，带动科技馆本身的浏览量增长；二是作为科技馆线下的展陈补充部分。

上海科技馆平台基于实体展陈资源，利用互联网新技术，融合馆内馆外、线上线下传播方式，打造"一个内核""两块屏幕"与"多个途径"的网上学习系统，即展教融合数字化体验式学习平台。通过学习平台的创建，实现虚实结合的融媒体新形态，建构科普学习体验的新模式。整个平台中的"一个内核"指的是基于核心数据的综合管理平台，"两块屏幕"分别是公众面对的移动端及PC端，"多个途径"则是利用互联网技术打通的线上线下体验通道。"线下"泛指场馆内的实体展示、教育活动和依托于实体展示、教育活动的数字化内容；"线上"泛指基于移动互联网、PC互联网的集教育、服务等于一体的数字化内容，为公众提供参观前、参观中、参观后的多维度体验或服务，其主要渠道包括"移动导览平台""微信公众号平台"和"网上博物馆平台"等。上海科技馆的线上科普游戏主要集中于"网上博物馆平台"。通过浏览上海科技馆线上科普游戏资源发现，其线上科普游戏分别依托于微信小程序和网页端两个渠道。

（二）科普游戏在临展中的应用

现代的科普场馆不仅仅是教育机构，而且是休闲的场所，正因为科普场馆有休闲娱乐的功能，所以场馆也一直在追求趣味性、挑战性和互动性，这也使科普游戏进入场馆成为必然的趋势。上海科技馆场馆中的科普游戏有多元的表达，其游戏化展项包括场馆内演示说明的游戏和体验实践的游戏。

以演示说明功能为主的游戏化展项主要采取游戏化的形式，对科学知识进行细致的解读和描述，可以让参观者更加清晰明了地掌握科学知识[1]。在上海科技馆"稻梦万年"的临时展馆中，有很多展项都设置了匹配的互动屏幕（见图1-15）。

图 1-15 展项中的互动游戏

---

① 张光斌，宋瑞玲，王小明.科普游戏导论：游戏赋能科学教育[M].北京：电子工业出版社，2021.

参观者可以在可触屏屏幕上进行点击、拖拽等简单动作，完成游戏中设置的挑战，巩固了参观展项的知识点，能够更加明晰展项所强调的科学知识。

例如，"稻梦万年"展馆中为了让参观者更加清楚煮饭的过程，设置了互动小游戏（见图1-16）。互动屏上显示出煮饭的步骤，参观者需要根据屏幕上的提示操作下方的"灶台"，比如"拿扇子扇风""揭开锅盖搅拌米饭"等，让参观者通过游戏的方式体验做饭的具体步骤。

图1-16 展项中的煮饭小游戏

除了"稻梦万年"展馆，科技馆中许多展项也运用到了这种形式的游戏。例如在展馆"感知互动——一起拯救海洋"中，就以两块巨大的电子屏为背景，中间的桌面上是各种几何图块，参观者需要在电子屏幕的提示下，将正确的几何图块放在屏幕上对应的位置，最后净化海水，拯救鱼群（见图1-17）。在游戏体验的过程中，参观者不仅可以学习到有关净化海洋垃圾的知识，而且了解到保护海洋环境的重要性。

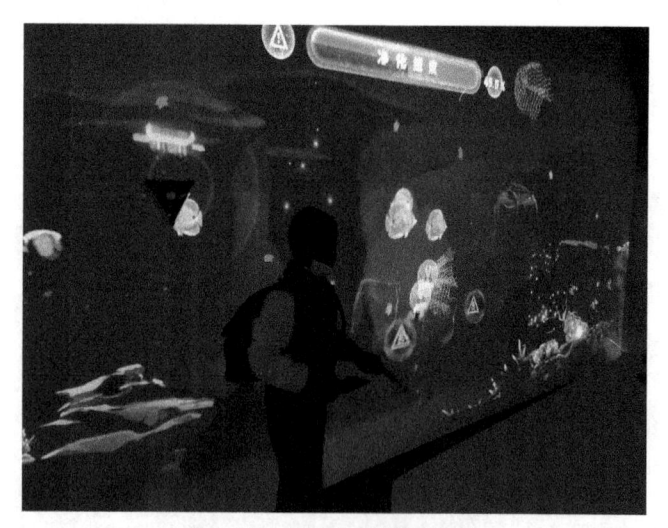

图1-17 参观者与触摸屏的互动

（三）科普游戏未来标准制定

据《第46次中国互联网络发展状况统计报告》统计，截至2020年6月，我国网络游戏用户规模达5.4亿人，占网民整体的57.4%。由此可见，积极将游戏视作科普产业的新业态、充分发挥游戏的正面价值，不断探索将科学精神和科学家精神的价值引领蕴含在游戏中，为公众特别是青少年激发科学兴趣、增强学习主动性提供了更具吸引力的解决方案[①]。

中国科普游戏大会暨科普游戏领域首届高峰论坛发表了《科普游戏产业发展宣言》，其中提出游戏+科普的四种模式。第一种是功能游戏、严肃游戏、教育游戏等，即为了某种专门的目的开发出的游戏。拼图识鸟之旅、探索鲸奇世界、滚滚跑酷等游戏即此类科普游戏的代表。第二种是能够发挥社会功能的现有的商业游戏或作品游戏，例如《大航海时代》《文明》等应用于历史教学，《我的世界》应用于和博物馆的各种合作等。第三种是通过游戏机制激活线下场馆，用一些线下的游戏化机制来帮助观展者发掘兴趣点并调动其行动，比如通过寻宝、寻物等游戏机制，加以适当引导，就能把观众漫无目的的观览过程变成一种充满挑战和趣味性的游戏。第四种是"共创"模式，即不只是为了某些人做游戏，而是把那些原本特定群体的受众聚合起来，通过一些易用的工具，让他们自己为了游戏主题而创作游戏。这种方式不仅能够节省为特殊群体设计恰当的游戏的时间精力，而且能够把玩家纳入整个游戏的创作过程当中。

从产学研角度来说，首先，科技馆可以组建一支专业科普队伍负责科学书籍的编写，与当地学校合作，成为学校使用的教科书；与出版机构合作，在书本封面印刷科普游戏二

---

① 钱学胜，徐仁彬. 严肃游戏与科普学习目标融合的框架研究与应用实践[J]. 科学教育与博物馆，2021，7（3）：184-189.

维码，学生通过扫码进入科普游戏移动客户端下载页面。其次，科技馆应致力于打造成研学基地，既可以维持较高的客流量提高影响力，又可以通过用户多样化的反馈为产品迭代提供建设性意见。场馆通过给游客提供质量上乘、体验舒适的科普游戏，在游客的认知、态度、行为层面形成深刻的记忆，让游客了解科普游戏，接受科普游戏，在科普游戏的使用过程中形成记忆行为。

三、设计策略

（一）成熟的 IP+ 有趣的内容

虚拟现实技术的发展为科普游戏形态多样性的发展提供了重要的技术支持。在技术方面，科普游戏的与 AR/VR 技术的结合，不仅可以让用户以轻松娱乐的方式感知科学普及知识，而且可以让受众在互动性的体验过程中潜移默化地感受到科普教育带来的魅力，以上海科技馆为例，科技馆内设有多项光影感知技术、VR 互动体验以及 4D 电影展厅，让用户在体验展馆硬件设施的同时感受到技术支撑下科普游戏的最优体验感。例如上海科技馆内的"感知互动———起拯救海洋"，充分利用光影互动技术，使用户在全幕影像的展馆内沉浸式体验游戏达到最优化。

成熟的 IP 不仅需要故事内容支撑，围绕着故事足够趣味性和多元性进行，而且需要形象设计及动漫场景设计。例如上海迪士尼乐园的新晋卡通网红——玲娜贝儿，玲娜贝儿姣好的动漫形象设计加上迪士尼故事的设定，成为线下炙手可热的动漫 IP 形象，未来的科普游戏 IP 形象设计可参考这一卡通形象，并加上原创游戏机制的研究组合，也可在未来的科普游戏开发中进行多元化的衍生，例如相关 IP 形象的文学内容科普、喜马拉雅有声 IP 小说、动漫 IP 科普漫画以及专属 IP 电影脚本等联合企业进一步商业化开发，线下以科技馆为平台进行互动展项的科普游戏基地，线上以科普游戏专属 IP 形象为主，进行多元化的游戏联动发展。

（二）精准的用户群体细分

精准科普游戏的受众群体不仅可以扩大科普游戏的平台的教育效果，而且可以根据不同用户定制专属的游戏设置，在访谈中发现，目前我国科普游戏用户的受众年龄层分布在 95 后至 05 年的青少年阶段，这部分受众群体拥有成熟的心智和体系化的教育背景，针对此类用户可以在设计游戏方面增加难度较高的科普知识，并设置交叉学科类科普游戏，使用户在体验游戏过程中掌握更多的学科知识。而针对幼儿亲子群体，则是更多以趣味性和互动性为主设置科普游戏，不仅可以起到启蒙的作用，而且可以让家长、监护人更加方便与幼儿协同体验，增进科普游戏的普及度以及幼儿亲子关系亲密度。

（三）搭载热门 IP，策划周边衍生品

例如，"恐龙""哈利波特""冰雪奇缘"等国外热门 IP 成为 VR 出版物常常搭载的内容。在这些 IP 中，大多受众对故事背景具有一定了解，科普游戏出版方可根据受众需要，选择图书、游戏、电影、动画等不同媒介载体对 IP 内容重新呈现，实现故事化解读。图书、期刊或漫画相较于游戏而言，叙事感更强，"故事化"更明显；电影、动画等相较于图书则能够增强视听层面的刺激，丰富受众的感官体验。

未来科普游戏形态可在成熟的 IP 内容基础上策划周边衍生物，例如科普游戏电影、喜马拉雅有声科普游戏电台、科普游戏研学体验课程、科普联名漫画等。以用户需求为中心，进行传播科学知识与提升游戏体验结合的双重效果。

（四）技术集成实现全场景"游戏化"

当前 5G 技术的进步、虚拟现实技术的迭代及数字化创意产业的大力发展都为科普游戏的多元化带来深刻的变化，未来的科普教育性与游戏娱乐性的界限将会逐渐消失，在超媒介叙事理论的加持和 IP 内容文本的支撑下，全场景"游戏化"将成为科普游戏未来的发展趋势。产品游戏化并结合社交机制，将科普游戏进行组织化运营，未来并不仅仅局限于单个场馆内硬件设施或是单人 PC 端网游体验，科普与游戏的无界限融合更要求集约化、一体化发展，运用好的故事脚本，在各项技术的加持下实现科普游戏的更高形态的发展，以现

在较为火爆的真人射击CS游戏为例,未来科普游戏可借鉴此游戏机制,设立专属游戏世界观,并融入多项虚拟现实,让受众在游戏的过程中潜移默化地感知科学知识,真正做到科普与游戏的无界限融合。

技术驱动虚实场景融合，构建沉浸式科普展演空间

科普展演作为强实践性概念，是科普的一种重要形式，是科普组织与机构运用科技藏品或特别制作的演示模型、科技产品及多媒体等作为传播媒介，按照一定的学科、主题和艺术形式组合，在一定时空范围内对普通大众进行的直观的、体验的、互动的科学教育活动。科普展演相较于图文、报告、论文、图书等前沿科学科普化形态，更生动，更立体，更多元。[①]

新技术的出现促进了新兴展演空间的出现，针对展演空间的研究，主要分为以下几个阶段：第一阶段，传统观演方式中"我展出，你游览"的观演关系；第二阶段，观演方式为传统演绎与真实户外实景剧场中"我演出，你观赏"；第三阶段，将声光电展示技术与情境演绎相融合，即"我布局，你体验"；而第四阶段，观演共融、共创和共演空间，即强调"你与我的共融性、共创性"的沉浸式展演空间，因此推动了未

[①] 敖妮花.基于科普展览的前沿科学科普化初探性研究[J].科技通报，2020, 36（8）: 111–114.

来展演空间演绎发展的一种新兴方向。

一、入选理由

《做一天马可·波罗：发现丝绸之路的智慧》展览位于中国科技馆东大厅的短期展厅。这个展览以第一人称视角代入的方式，使观众"化身"古代丝路旅行家和商人，切身感受沿陆上丝绸之路和海上丝绸之路传播的古代科技与物质文化，进而体会到古代丝绸之路在实现沿线地区互联互通、经济繁荣、贸易互补、民心相通等方面发挥的作用，并对"一带一路"倡议所书写的美好愿景产生向往与憧憬。

《做一天马可·波罗：发现丝绸之路的智慧》实体展览面积2,000平方米，展线408米长，包含70件（套）展品，此外，还有一个"永不落幕"的网上丝绸之路展览——中国数字科技馆的线上展览及微信语音讲解。"做一天马可·波罗：发现丝绸之路的智慧"有丰富的展品、多样化的互动方式、情境式的布展，是一本活动的丝绸之路百科全书。

二、亮点分析

（一）首个"一带一路"题材科普展览

古代丝绸之路绵亘万里、延续千年，是东西方文明交流的大动脉。从古代丝绸之路到今天的"一带一路"，各国人民在科技领域上互学互鉴,在文化上开放包容,实现了人文精神的交流互动,使各国人民民心相通,凝结着全人类的"智慧"。《做一天马可·波罗:发现丝绸之路上的智慧》主题展览是中国科技馆为积极响应国家"一带一路"倡议,向公众传播中国古代科技成就,展示东西方科技、文化沿丝绸之路的传播及其对世界文明的影响而举办的中国科学技术协会首个"一带一路"题材科普展览。展览以第一人称视角代入的方式,使观众"化身"古代丝路旅行家和商人,切身感受沿陆上丝绸之路和海上丝绸之路传播的古代科技与物质文化,进而体会到古代丝绸之路在实现沿线地区互联互通、经济繁荣、贸易互补、民心相通等方面发挥的作用,并对"一带一路"倡议所书写的美好愿景产生向往与憧憬,直观感受互学互鉴的丝绸之路精神,切身感受沿丝绸之路传播的古代科技与物质文明,进而体会到丝绸之路在传播科技、联通人文等方面的重要作用。

(二)线下沉浸观展,线上 VR 看展

超媒介叙事特点是:碎片化、沉浸感和互动性。超媒介叙事并非复制内容,而是用户生成叙事碎片,参与生产创作和分发,用户既是消费者也是生产者。超媒介叙事并非单一形态,叙事亦非线性叙事,而是变成多媒介、多渠道、多形态、多文本、碎片化的叙事结构。在线科普展览一般依托于实体科技馆,而科技馆天然就带有"教育属性",体现在实物的体验式学习和实践的探索式学习上。《做一天马可·波罗：发现丝绸之路的智慧》展览的互动性展品很多，它依托中国科技馆实体场馆建立了实体展览，同时还在中国数字馆打造了全景漫游在线科普展览，将"一带一路"的相关知识通过展品进行了全面阐述，内容上基本也体现了科普展览的新意。随着在线科普展览的不断发展以及技术上的不断突破，未来中国的线上线下的科普展览在互动性和沉浸性上将会有更好的表现。

（三）从传统文化中寻找未来主题 IP

当下，随着技术的发展，用户对界面清晰度、流畅度、展品的细节、趣味性要求更高。在内容创作的基础上注重数字化过程中的界面设计、系统设计，基于内容的创意，针对不同的传播平台进行合理的内容包装，如微信公众号以有趣的图文为主，以微博辅以一定的短视频，以抖音进行在线科普展览的前期推广，最终推出在线科普展览的网页链接，让受众在终端设备上观看。IP 本身的知名度就是对科普展品最优的"包装"，如《做一天马可·波罗：发现丝绸之路的智慧》就是将 IP 转化为在线科普展品的典型案例。例如，在"漫游古代中国"中主要讲述马可·波罗在中国境内的所见所闻。孩子可以跟随马可·波罗的脚步，感受元大都辉煌的宫殿、繁华的运河景象；可以走进西南地区，体会井盐开采和淘金的魅力；江南地区富庶发达，丝织业、印刷业、陶瓷制造业等行业欣欣向荣。古中国的生活图卷徐徐展开，既有丰富的细节，又有动人的故事，让孩子对中国的地域文化有更鲜明的认识。

（四）虚实场景融合构建

场景复原是博物馆展览中的很常见的一种展示形式，而场景复原最初还是源自国外的一些博物馆，具有生动、直观等特点，深受参观者的喜爱。受现代科学技术的影响，现在的场景复原手段也更加丰富，大量的多媒体技术被加入了场景复原里面，其中也不乏许多优秀的场景。《做一天马可·波罗：发现丝绸之路的智慧》展览设置了对异域的想象、带什么商品去中国、驿站与驿道、漫游古代中国、海上历险、世界在变等6大主题场景展区，面积2,000平方米，展线408米长，共展出展品70余件（套）。观众可以化身马可·波罗漫游中国，通过展品和多媒体互动设备、情景式场景，感受丝绸之路的古代科技和物质文化（见图1-18、图1-19、图1-20、图1-21、图1-22、图1-23）。

图1-18 对异域的想象　　　　图1-19 带什么商品去中国

图 1-20 驿站与驿道

图 1-21 漫游古代中国

图 1-22 海上历险

图 1-23 世界在变

（五）充分整合宣传资源，打造全媒体运营模式

中国科技馆对《做一天马可·波罗：发现丝绸之路的智慧》主题展览采用了全媒体联动的传播方式，且基于不同平台的属性及用户群进行了差异化传播。微博因其自身的娱乐性、生活化和互动性，适合传播一些相对短小、活泼的内容，因此中国科技馆官方微博@中国数字科技馆，主要通过轻松、活泼的话语方式对此次展览进行介绍，同时还以简短文字+长图的形式，传播知识性、科普性内容。该展览在微信上的传播则更注重信息的完整性，多采用图文形式进行介绍，内容较之微博更加翔实、丰富，可以更好地向公众介绍该主题展览的具体内容。在抖音平台，主要以短视频的形式进行传播，较之图文，视频的传播形式更加直观。而且对于该展览，《光

明日报》《中国青年报》《新京报》、中国新闻网、光明网等专业媒体也进行了报道。

（六）技术驱动科普展演空间发展

交互性主要是指体验者与虚拟环境两者之间的互动反馈程度，沉浸性主要是指体验者在虚拟环境中的感受程度，即虚拟环境是否达到了让体验者置身其中的感觉。在此次展览中，VR等技术的应用，配合展区设置的一系列互动体验，增强了观众的沉浸性、互动性。在"对异域的想象"展区，通过体感互动三维数字地图——"丝绸之路地图"还原了马可·波罗的万里行迹，观众可以用"鸟瞰"的方式，"飞越"各个历史名城和雄关漫道，观察丝绸之路动态地图上的物产、知识和交流情况。

在展览中，中国科技馆还设置了许多体验及互动环节，比如在第二个展区"带什么商品去中国"里，观众可以扮演古代丝路客商，在集市上了解当地特有的商品及加工工艺、使用方法等。而且对于部分展品，观众不仅可以看而且可以闻到气味，比如在西域香料区，中国科技馆对香料盒子进行了专门设计，让观众既可以看形状又可以闻味道。在"驿站与驿道"展区中，观众可以近距离了解与丝路商旅朝夕相伴的马具、食物等物品及其蕴含的科技原理。此外展览还设置了一系列互动游戏，观众可以在游戏体验中将知识点记牢。多样化的互动形式，情境式的布展，公众置身其间，仿佛真实地行走于丝绸之路。

此次主题展览借助云服务实现了线下实体感受与线上全景参观相联动的方式。在实体展览中，观众可以通过触觉、视觉、听觉、味觉、嗅觉、平衡觉与展品进行"实在"的互动，可获得更加深刻的印象。在线展览则通过 VR 全景技术为观众带来一种数字化虚拟体验。一方面，线上展览打破了时空限制，公众可以随时随地进行参观；另一方面，VR 等技术的运用，也增强了展览的互动性：公众点击想要了解的展品，就会出现详细的展品介绍，可以帮助自己更好地理解展品。

三、设计策略

（一）精准定位科普内容 IP，打造优质 IP 资源库

IP 的形成过程与超媒介叙事理论在内容层面不谋而合。为此，未来的展演形态可以采取对内容进行精心的设计制作，注重内容的多平台投放，为受众提供全方位沉浸式的媒介接触和内容展陈，遵循"内容为王"和"让科学更好玩的"理念，着眼于科普内容 IP 的精准定位、打造真正意义上的优质 IP 资源库，使 IP 应用边界得以拓展、内容价值实现的渠道得以拓宽、产品质量得到提升，最终随着不同业态的互相补充、互相促进、互相构建、互相协同创新，构建出一个以 IP 为核心的产业生态体系。

（二）营造全媒体高频互动形式，建立"公众理解式"的科普展演空间

在科普展演中，临展从静态到动态、互动，会经历很长的周期，真正做到互动比较难，但是在互联网推动下会发展得更加迅速；在讲解员定位方面，他们可能会探索或者进行"元宇宙视域下"的直播和讲解，制造出强体验感、高频率性、高持续性；但是重要的是，这些必须在全媒体高频互动支撑下才能有效地实现。

科普展演活动借助全媒体传播能够将品牌符号、形象符号、文化符号等进行进一步推广，为各方的互动交流提供更多的可能，既能实现大量信息的实时传输，又能够扩大其影响范围和效应。在"四全"时代的背景之下，首先需要丰富文化符号的展示形式，使展品的实体性与虚拟性进行融合。其次需要拓宽文化符号的互动渠道，这样会更有利于会展传播中的传授双方避免文化冲突、产生文化互动、达成共识，随之公众理解式的科普展演也会应运而生。

（三）创建智能化协同管理，助推展前、展中、展后的一体化衔接

系统化智慧场馆是通过完善用户体验，提供适合用户场景的精准营销和适配服务，从而更好地发挥科普展演平台功能的效力。而"智造化"的社群经济主要包含两个方面的内容：一方面，激发用户的参与感，实现用户不断创造内容。以用

户需求为导向，让网络社群"活"起来。大多数科普热点和科普产品实际上是从用户发展过来的，开放创新理论指出用户参与是创新的关键；另一方面，利用技术创新手段，拓展线上及线下的用户体验，并注重用户的主观体验感受，从而成为活跃社群经济的有力纽带。创新开发与生活场景相匹配，带来用户"强"体验。线上通过进行多媒体的融合，加大采用音频、视频、动态图等结合推送，使得用户的情感体验更显著，加强网络知识社区的视频开发制作力度与生活场景更为契合的科学内容，从而增加知识社区的用户点击率和播放量。并且，通过以场景为起点来开发技术，开发创意科技产品，从而改善用户生活场景，激励用户参与线上体验的同时，更想参与到线下体验中去。

（四）完善展品数据反馈系统，构建信息化平台的定向服务

不断完善数据反馈系统，在设计前问卷、线上转化率、体验的反馈（包括展品停留、路线、知识偏好等）通过现场反馈、OTA（空中下载技术）网络线上反馈，以及展品反馈系统，这三大反馈机制结合技术进行协调，以不断地调整达到完善；未来的科普展演空间可不断进行数据反馈系统的建立与完善，达到信息化定向服务的目的。

数据反馈系统包括数据采集和数据分析两个环节。数据采集指通过基础层的设备全方位地感知人（观众和工作人

员）、物（展品和设备）、环境等信息，包括线上平台数据、展厅数据、运维数据和观众数据等。将采集到的数据传输到统一的数据中台，完成数据清洗、数据集成、数据计算，实现数据可视化、商务智能（BI）等，同时追求数据关联、数据挖掘、数据驱动等应用数据的能力。另外，数据最终流向应用层，数据驱动的目的是为人服务。应用层包含了智慧传播、智慧服务、智慧运营、智慧管理的需求，大致分为指挥平台和观众平台。指挥平台为智慧科技馆的综合管理平台，根据使用人员的职权授予不同权限，处理不同事务。观众平台主要为观众服务，包括移动智能终端、馆内智能设备等，是观众体验智慧科技馆的平台。

第二章

科普短视频

科普视频案例研究选取了李永乐老师、"奥卡姆剃刀""不刷题的吴姥姥""模型师老原儿""妈咪说"、果壳、共青团中央等多位科普视频博主的视频,从视频基本信息、选题特色与亮点、叙事逻辑与传播效果分析等角度进行分析,探索科普中短视频的创作经验和要点。[①]

---

① 本部分案例的撰稿人员有马茜茜、陈波。

共青团中央：结合热点，
运用新形式、新手段传播科学精神

【科普视频题目】天問①號：我蒟钬☆辣！
【播放平台】B 站
【视频时长】3 分 31 秒
【上线日期】2021 年 5 月 15 日
【选题内容所属领域】天文科普

一、亮点分析

1. 契合热点。2021 年 5 月 15 日，天问一号着陆巡视器成功着陆于火星乌托邦平原南部预选着陆区，我国首次火星探测任务着陆火星取得圆满成功。根据这一热点事件推出这一期的视频，契合当下热点，可以满足用户对其相关知识的需求。

2. 科学精神的传递。从古代神话到当今对天文学的科学认知，以及真正"征战"星空。视频给人带来的震撼就仿佛未知给人们带来的震撼感（如音乐），两者的感知是融合的，更能给人以震撼。

3. 策划方案完整。该视频在分工上有明确的策划、作曲、作词、编曲、RAP 设计、和声设计、曲绘、动画、海报、混音录音等负责人员，尤其是动画内容和背景音乐（即文案）的设计新颖有趣，能够有效吸引用户观看。

4. 内容形式与时俱进。视频标题使用火星文，与视频内容相呼应，讲述中国从古代的天文畅想到现在技术发达真的实现了"造访"火星，"火星就要用火星文"。在背景音乐上采用年轻人喜欢的说唱，非常有节奏感，在讲述故事与成就的同时也使得内容朗朗上口，便于用户记忆，并形成传播。

5. 巧借古籍与诗文。文案和背景音乐改编自屈原的《天问》："遂古之初，谁传道之？上下未形，何由考之？"与天问一号成功着陆相呼应。内容中还有清代女天文学家王贞仪的相关动画画面，致敬早期中国女科学家。

6. 多主体联合发布与制作。由共青团中央、中科院科普博览与超炫音号星舰联合制作与发布，其中，中科院科普博览负责策划，超炫音号星舰负责视频制作，上传者为共青团中央；由中国科学技术协会科普部、中国科学院计算机网络信息中心联合出品。在科普中国平台上线，多个官方平台引流传播，传播效果良好。

二、叙事逻辑

整体叙事逻辑从古人的好奇心开始,再讲述如今我国在航空航天领域取得诸多重大成绩,在讲述过程中潜移默化地提升人们想要了解天文、探索未知领域的兴趣,而这好奇心和兴趣恰恰是人们了解科学的基础。最后视频在主题上进行升华,强调我们的征途是星辰大海,是更多未知,是对科学的探索与追求。

1. 从历史观的角度进行叙事,引经据典,耐人深思。以古老文明作为出发点,一步步介绍中国千年的天文研究与成就。视频以动画为主,从中国古代对天文、宇宙的疑问和向往,到历朝历代在天文学取得的成就,再到如今强大的中国一步步踏入浩瀚宇宙,实现了漫步星辰大海的夙愿。

2. 前人发问,后人回答。视频中列举了中国古代至今的多项科学成就,中国古人自始就对浩瀚宇宙充满好奇与向往,而现在,我们的航天技术与水平世界领先,一步步实现了对宇宙的探索,而未来中国也将继续向着"星辰大海"前进。在古今一问一答中展现了中国当下的技术成就,也有对未来的美好希冀。

3. 连接屈原的《天问》与天问一号。《天问》内容奇绝,想象丰富,这也是天问一号的名称由来,《天问》对天地、地理、哲学、历史提出了多个问题,表现出作者对宇宙的探索精神,具有进步的宇宙观和认识论,这些与天问一号的精神与追求一致。

三、传播效果

该视频在 B 站播放量为 186.5 万次,点赞量 21.7 万次,转发 1.5 万次,收藏 3.6 万次,在全站排行榜最高第三名。

1. 背景音乐获得好评,具有荡涤效果。该视频在作词、作曲上心思巧妙,一是文案与《天问》一词相照应,引经据典;二是曲风符合当下用户审美,采用说唱的形式,朗朗上口,容易哼唱,该音乐更是在网易云音乐推出,具有良好的传播效果。

2. "文艺复兴"掀起热评。由于标题采用的"火星文",有相当一部分用户在弹幕和评论中开始回忆杀,如"这标题我十几年前闭着眼都认识,那是属于我们的时代",通过这波回忆杀,带动一部分用户的互动与传播,能够起到良好的科普效果。

不刷题的吴姥姥：
在悬念与互动中讲解科学知识

【科普视频题目】水中打孔，家里的碗都敲坏了

【播放平台】抖音

【视频时长】2分6秒

【上线日期】2022年1月21日

【选题内容所属领域】物理科普

一、亮点分析

1. 具有吸引力的话题加上魔术般的视频效果。该视频讨论的问题是我们在生活中很少思考和尝试的，因此这个话题从视频一开始就对用户极具吸引力。在实验的呈现当中，将碗在空气中被敲和在水中被敲的两种结果，清晰地呈现出来，尤其是在水中被敲时呈现的结果让人一惊，就仿佛是在进行魔术表演一样，然而这背后是有物理学知识支撑的。

2. 以提问作为视频的开头和结尾，兼顾设置悬念与引起互动。视频在一开始就以网友提问进入话题，体现出视频创作者对于粉丝疑问的重视，同时能够很好地设置悬念，引起用户继续观看视频的兴趣。此外，在视频结尾又提出问题，一方面继续引发用户思考；另一方面带动用户在评论区进行讨论与互动，一举两得。

3. 实验展示的方式使结果清晰可见，将物理知识顺势融入其中。相较于单纯阐述和解释理论，实验展示的方式能够让结果清晰可见，这也是科普类视频能够受欢迎的很大一部分原因。同时在实验结束之后，对于问题的解答与物理知识的讲解能够非常顺畅自然地衔接起来，不会让知识的讲解过于生硬，有利于形成良好的教育效果。

4. 针对青少年学习特点，用简单实验引领青少年自我探究。对于青少年来说，学习科学知识的有效方式是让他们自己亲自动手做实验。吴姥姥的视频能够结合青少年的特点与心理，适当地开展一些简单易操作的物理实验，用简单的实验调动青少年的科学兴趣，以实操带动青少年主动学习科学知识。通过动手启发青少年思考，有助于培养青少年的科学思维。

二、叙事逻辑

1. 提出问题，引人思考。视频从网友的提问入手，即"将瓷器倒放在水里，敲的时候可以用钉子很好地敲出一个洞，而瓷器无损",由这样一个耐人思考的问题作为引子,进而开展后面的实验与问题解答。

2. 设计实验,回答问题。通过吴姥姥的亲身实验来解答网友提出的问题。首先,实验的是在水外敲碗看会不会碎,经过实验,结果并不能敲出小洞,整个瓷器都会碎掉,说明在空气中钉子并不能在碗中敲出一个洞。其次,实验的是将碗放在水中,再用钉子进行敲击,实验结果是能够敲出一个很好的洞。

在这两种实验结果截然相反的情况下,吴姥姥从物理学知识方面进行了解答,有两个原因:一是水布满了碗的周围,使碗的振动减少,分子之间传播的振动减少;二是水在碗的周围形成了润滑,所以钉子往下走的时候,和瓷器之间的摩擦减少,从而减少了碗的振动。

3. 衍生问题,巧设悬念。借瓷器在水中被钉子敲出洞的问题,吴姥姥又提出一个新的问题,即在折一根意大利面的时候总是折成三段及以上,那么把意大利面放在水中是否有所改变,接着进行实验展示,结果显示折意大利面在空气中和水中差别不大,而碗在空气中和水中被敲差别很大,进而将问题抛给网友,引发他们在评论中讨论和解答。

三、传播效果

该视频在抖音平台播放量高达千万次,点赞量为18万次,评论 7,841 条，收藏 9,680 次，转发 1.2 万次。

  1.带动用户互动，重视用户反馈，使其在评论中寻找答案。用户或者粉丝的参与一方面会为科普创作者提供一些创作构思及灵感，另一方面他们的反馈也会帮助创作者了解视频的播放情况，不断完善视频质量。这两方面在本视频当中都有很好的体现。

  2.重视实验的安全教育。吴姥姥在做实验的过程中不忘提醒安全第一，将实验的安全教育贯穿其中。关于实验的安全教育是在众多课程中必须强调的方面，将这方面的教育通过视频展示的方式形象地展现出来，具有良好的传播效果。

果壳视频：实验展示，科学解读

【科普视频题目】热成像仪能"看见"放屁？假的！那是加了特技！

【播放平台】B 站

【视频时长】1 分 19 秒

【上线日期】2022 年 3 月 11 日

【选题内容所属领域】社会常识、科学科普

一、亮点分析

1. 契合热点。针对近期由于疫情防控使用的红外热成像仪热点事件，部分视频博主为了获取流量博人眼球，特意在视频中加了所谓"屁"，而果壳的本期视频也是契合当下热点事件做出的实验与辟谣，符合当下用户观看视频的心理和需求，因此也获得了不错的传播效果。

2. 实验展示。在视频的解读中，实验人员真的在红外热成像仪面前放屁、吐哈气及利用吹风机吹风，但是红外热成像仪却没有得到任何显示，借此实验来说明热红外仪能"看见"放屁并不是一个事实。通过实验，用事实说话，从而使视频内容更有说服力。

3. 科学解读。与液体、固体相比，气体的密度很低，发出的辐射强度非常低，红外热成像仪几乎检测不到，而人们通常在红外热成像仪中看到的"黑色"气体其实是在吸收红外辐射，即"吸光"而非放光。通过对比的方式说明红外热成像仪是不可能"看见"屁的。

4. 进行辟谣。通过追溯这些视频来源，发现在发布者的视频简介中，有关于"屁"的说明，即"热成像仪并不能记录屁，为了让视频好笑，后期制作了一些屁"。在视频的结尾视频发布者一探真假，从而更加证实红外热成像仪不能"看见"屁这件事。

5. 把握用户的猎奇心理。猎奇心理是受众心理之一种，即要求获得有关新奇事物或新奇现象的心理状态。该视频讨论的话题——"热成像仪能看见放屁"，充分把握了用户的猎奇心理，能够引起用户观看兴趣。

二、叙事逻辑

该视频在叙事的逻辑上首先从问题入手，然后通过亲身实验来说明原视频的不合理性，进而由浅入深，采用对比的方式来说明某些气体出现的原因，进一步否认红外热成像仪能"看见"屁，最后追根究底，将原视频下面的视频介绍传达给用户，步步深入地解释了红外热成像仪并不能"看见"屁这个事实。

1. 提出问题并即刻辟谣。视频开头就提出疑问："红外测体温时还能放屁吗？"紧接着给出回答"假的！假的！"。那些网络上流传的视频都是"假的"，所以告诉大家不必惊慌，在室外可以"尽情放屁"，因为红外热成像仪并不能捕捉到人们放屁。

2. 实验验证。通过实验人员真的在红外热成像仪面前放屁、吐哈气及利用吹风机吹风等，但是红外热成像仪却没有得到任何显示，借此实验来真正地说明热红外仪能"看见"放屁并不是一个事实。

3. 对比分析。首先，相比于液体、固体，气体的密度很低，发出的辐射强度非常低，红外热成像仪几乎检测不到。但在现实中，我们会从红外热成像仪看见一些黑色气体，这是因为这些气体吸收了红外辐射，所以它们看起来并不是"放光"而是在"吸光"，也就呈现出"黑色"无光的样子。因此想在热红外成像仪里看到一个屁是不可能的。

4. 将原视频的正确解释传达给用户，还原事实真相。视频最后追根溯源，将 Banana Factory（来自 Facebook 的视频创作者）这个团队的原视频呈现给观众，并重点说明视频下方的简介，即"热成像仪并不能记录屁，为了让视频好笑，后期制作了一些'屁'"。

三、传播效果

目前在 B 站平台播放量为 346.7 万次,点赞量为 22.3 万次,热门评论 730 条,收藏 1.5 万条。

1. 回应了一些视频平台甚至新闻上的热成像仪能看见屁的虚假问题,让用户对红外热成像仪有了一个正确的认知,体现了科普视频博主在辟谣上发挥的有效作用。

不少用户在评论中反映视频的必要性,希望科普可以发扬起来。

2. 有利于在视频平台进一步带动科普,让用户都能用科学的眼光和思想去看待和思考各类问题。

3. 果壳作为优秀的科普博主,在视频的叙事手法和叙事逻辑上值得其他科普博主借鉴和学习,尽量使用用户易于接受和理解的手段去讲述科学问题。

妈咪说：设置共鸣，完善认知，巧辟谣

【科普视频题目】2021 年只有 354 天？地球自转变快对我们有什么影响？

【播放平台】西瓜视频、今日头条、抖音

【视频时长】共 10 分 7 秒

【上线日期】2021 年 2 月 21 日

【选题内容所属领域】空间物理、天文科普

一、亮点分析

1. 巧借话题。视频结合热点谣言话题进行辟谣科普，自带流量，拥有较好的话题性与传播性，易于传播且具有科普意义。针对热点话题进行辟谣，同时进行相关知识科普，一举两得。本视频为热点话题辟谣视频，当时的热点谣言为"地球自转变快，2021 年仅有 354 天！"通过对谣言的辟谣，进而科普地球自转以及历法的相关知识。

2. 完善认知。视频的精彩之处在于对农历历法的解读，

日常生活中我们知道农历，甚至很多人过农历生日，但对于农历的由来知之甚少，借此机会科普农历的由来，以及古人的智慧是不错之选。

3. 设置共鸣。视频中插入与用户的共鸣点。大部分人会发现自己的农历生日和公历生日每19年就会是同一天，这是为什么呢？其实这正是农历历法导致的特殊性。古人发现，月相的周期大概是29.53天，便将这个周期叫作一个朔望月，所以农历年的大月是30天，小月是29天。平均算下来一个月29.5天乘以12个月，算出来就等于354天，每4年闰1年来补充29.53后面那个小数点，闰农历年有355天。但如此历法农历年将与公历年相差10天左右，于是采用闰月的方式来弥补。每19年闰7个月，这样和公历年19年的天数就差不多相等了。每19年相当于一个周期，所以有的人会发现，每隔19年自己的农历生日和公历生日就会是同一天，或者差一天，原因正是如此。

二、叙事逻辑

视频通过人像讲解拍摄，搭配图片、视频素材穿插的方式进行科普。重点围绕谣言对大众的误导"地球自转变快并不会影响一年的天数"展开辟谣。

1. 先讲解地球为何自转、地球自转的原理及产生原因、地球自转变快的原因。地球的自转其实是在太阳系刚形成的时候就会存在，还有一些假说，比如忒伊亚碰撞假说：在很久之前，有一颗火星大小的天体直奔地球袭来，并且发生了碰撞，通过这次碰撞地球加速了自转。所以说地球的自转原因大致可以归结为两类：原始形成时候自带的和后期其他因素施加的。

2. 再讲解影响地球自转速度都有哪些因素。（1）潮汐力的影响。月球是我们地球的卫星，月球只有一个面正对着我们，这种现象叫作潮汐锁定，这都是潮汐力带来的效应，最直观的就是会引起海水的潮起潮落，简单说就是由于海水的存在，在退潮的时候地球上的海水会形成凸起的状态，这会让地球这个球体变成椭圆形球体，这个时候月球对这个椭圆形球体产生的静力矩就会拖曳地球使其放缓自转速度，所以潮汐力会使地球的自转速度变慢。（2）地球结构质量的改变，也会改变地球自转的速度，比如地震、海啸、全球变暖等。由于角动量守恒，这些变化就会带来地球自转速度的改变。例如2011年日本沿海的一场9级地震，这场地震使日本本州岛向东移动了2.4米左右，后来人们测算，这个变化就加速了地球的自转，使得日长缩短了1.8微秒左右。（3）因此我们不难发现，有的因素会使地球自转变快，有的因素会使地球自转变慢。整体来看，地球的自转速度是在逐渐变慢的，因为潮汐力的影响是持续性的，而地球质量分布的变化并不是经常发生的，所以自转变慢是整体趋势。

3. 解释此次地球的自转速度为何变快。此次地球速度变快是相对的。因为地球内部的质量分布发生了改变，比如极地冰山的融化、地震导致的大陆漂移这些都会导致地球质量分布的改变，但是这个变化还是很微弱的，其实也只是和之前相比地球自转没那么慢了，所以看起来是变快了。比如2020年整体的自转速度还是比原子时记录的慢了200毫秒左右的，只是2020年中期的时候有几天的转速是要比原子时快的。

4. 解释2021年只有354天，少了11天的说法是从何而来。这是根据农历计算的，农历是根据月亮定制的历法，公历是根据太阳定制的历法。古人发现，月相的周期大概是29.53天，这个周期被称为一个朔望月，所以农历年的大月是30天，小月是29天，农历没有31天的，平均算下来一年就是354天，然后每4年闰1年来补充29.53后面那个小数点，闰农历年有355天，这是理论上农历的一年。为了让农历年和公历年尽量统一，我们在农历当中还有闰月，每19年闰7个月，于是就能保证每年春节还是在冬天过了。

5. 进行辟谣并得出结论。谣言中"2021年仅有354天"为误解，此说法为农历纪年法中闰农历年的天数，不是世界通用的公历纪年法中的天数，为了让大家更清楚，还普及了农历纪年法，以及农历与公历的区别。

本次传播事件中"地球自转变快"的结论确实存在，但地球自转影响因素较多，偶尔的自转变快或变慢均为正常现象。而且地球自转变化的幅度极小，并不会对生活产生任何影响。

三、传播效果及评价

本视频在今日头条平台累计获得了 1,140 万次的播放量，原作为热点话题的辟谣视频，平台加持了部分流量。视频平均播放完成率为 14.8%，原因为前半部分内容略有些理论化，不够通俗大众化，影响了完播率。但整体完播率在 20% 以上，平均播放时长为 3 分 2 秒。视频点击率为 19.2%，属于平均较高水平。

没啥用科技：以诙谐幽默的话术讲述严谨理性的科学知识

【科普视频题目】星际发布会——太阳系通勤指南
【播放平台】B 站
【视频时长】10 分 20 秒
【上线日期】2021 年 12 月 10 日
【选题内容所属领域】天文科普

一、亮点分析

1. 话题新颖有趣，内容大胆，充满想象力。以"太阳系通勤指南"为话题，将人们的通勤搬到太阳系，生动新颖地讲述太阳系构成，有效传达科普知识。在整体内容层面，不仅包括天文、物理等多学科知识的普及，更是在介绍知识的基础上，帮助人们充分发挥想象力，给予用户无限的想象空间，未来，我们对宇宙的探索必将更加深入。

2. 话术诙谐幽默。讲述人在介绍"太阳系通勤指南"过程中,采用谐音梗、热门网络梗等,进一步拉近与用户的距离,缩短与用户的心理距离,提高视频的用户接受度。话术的创新也是当下很多科普视频十分重视的一点,诙谐幽默的话术和严谨理性的科学知识也可以碰撞出不一样的火花,亦庄亦谐,生动有趣。

3. **多主体联合研发**。该视频由《人民日报》、中科院科普博览及没啥用科技三方主体共同研发制作,上传者为没啥用科技。科学内容顾问为相关领域专家,中国科学院长春光学精密机械与物理研究所提供了技术支持。视频既有官方背景作为支撑,保证内容的科学准确,又联合当下知名科技平台,使内容的讲述生动有趣,能够有效吸引用户的观看欲望。

二、叙事逻辑

以未来会畅游太阳系为设想,大胆开展叙事。

1. **首先介绍太阳系情况**。位于距离银河系中心约2.4万~2.7万光年的位置,是一个以太阳为中心,受太阳引力约束在一起的天体系统。截至2019年10月,太阳系包括太阳、8个行星、近500个卫星,此外还有一些矮行星、彗星和至少120万个小行星,从多项数据说明广袤无垠的太阳系。

2. **进一步介绍太阳系的能量、资源**。这一部分始于制作者对于太阳系的大胆畅想,在视频中,未来太阳系将被人类逐步开发,例如"行星改造""太空生态空间站"等将构成全新的"宇宙新区",人类也会逐步进入新区生活,而地球将成为"故星"。往返行星只能乘坐特定的飞船或者"星际天铁",未来人们的自主太空出行需求将会是一个巨大的市场。

3. 进而介绍通勤所需设备与技能。首先是"莓用宇宙飞行器",发射系统采用极致仿生学设计,能够实现在任何星球海陆空太空全领域覆盖,同时搭配太阳能与氢能源电池模组,实现持久续航。其次是驾驶系统,需要"太空驾照",为人们提供一整套生态系统。最后是完全独立的居住系统,使其与地球生活一样温暖,并且为人们提供星际导航系统——太阳系漫游指南。这是一套完整的软件生态,内置太阳系所有天体的基本特性,通过与相机硬件结合,实现了在距离目标 265 千米处,达到 0.5 米分辨率的光学成像,实时分析图像中的超精细节,不仅能判断距离、成分,进行星际定位,还能观测该星球上的天气。在视频中介绍了天问一号高分辨率相机在星际生活中的作用,天问一号相关产品功不可没。

4. 以"宇宙级格局"看待航空发展。在视频的结尾,指出了这次大胆畅想是遥远但并不是不可及的,就像天问一号搭载的高分辨率相机一样是为了看向未来,从地球发出的指令到达天问一号只需要十几分钟,而研发高分辨率相机则需要项目团队 4 年多的时间,这些技术和科学家们的努力都是通向未来之路的探索。现在这些看来触不可及的技术也会慢慢地从国用到民用,逐渐出现在人们的生活中。从万户(陶广义)第一次的飞天尝试,到如今我们的探测车可以登上火星、飞天梦、探索梦的实现离不开所有探索家和科学家们，结尾进行升华，传达视频主题。

三、传播效果

该视频在 B 站播放量为 139.1 万次，点赞量为 18.5 万次，收藏 3.7 万次，弹幕 1.3 万条。

1. 这条视频以生动幽默的畅想实现了科普知识的普及。例如"中国首次实现二氧化碳变淀粉技术""天问一号高分辨率相机""太阳 3000km 内为禁航区域，晚上也不行"，不能超过"第三宇宙速度"，以防"飞出太阳系"等。在大胆有趣的畅想中，讲述了中国航天取得的成就及天文、物理等理论知识，在潜移默化中实现了科学知识的讲解与科学技术的普及。

2.《人民日报》、中国科普博览、中科院这些官方平台参与研发制作，一时让这场大胆的猜想"真假参半"。评论中一些网友由于这些官方平台的参与直呼视频内容"不知道多少为真多少为假"，正如网友留言"我们对科技的畅想是轰轰烈烈的，但科技的到来是悄无声息的"，有效带动用户参与和遐想。

模型师老原儿：结合社会主题日，填补公众认知空白

【科普视频题目】吸烟坑人坑自己的模型
【播放平台】抖音、西瓜视频
【视频时长】共2分33秒
【上线日期】2021年7月9日
【选题内容所属领域】人体健康

一、选题特色

1. 结合社会主题节日（即5月31日"世界无烟日"）进行视频制作，既连接节日热点，又可以引起人们共鸣。本期节目选择在"世界无烟日"前的周末播出，本身自带流量热点，再加上大众对吸烟的危害，实际上已经耳熟能详，提出一个新的概念"三手烟"让观众感觉新鲜，引发了他们的好奇心，并想要了解新知识。

2.填补公众认知空白。我们都知道二手烟对人体有害,可是却对三手烟知之甚少。实际上,三手烟的伤害范围并不比二手烟小,并且更为隐蔽、持久。

3.以模型为载体、趣味性十足的轻科普方式,让观众充满好奇地了解到三手烟的实际危害,从而达到把科学知识普及大众的核心理念。其中模型生动的演绎形式,立体地剖析了吸烟带来的危害,而且模型的烟民形象也十分立体,引发了人们往常生活中"厌恶"感。

4.吸引观众的好奇心,引导观众沉浸其中。如"那'隐形杀手'三手烟又是咋回事?"使用"三手烟"这个新概念比较吸睛。这个开篇的设计成功地勾起了观众的求知欲,从而便于科学常识的进一步普及。

二、叙事逻辑

短视频创作明显特征是快节奏。在有限的时间内,"快""狠""准"地把科普内容展示出来,让受众受益,获得"长知识了"的满足感。

1.最重要的是第一部分,需要快速吸引观众的注意力。首先丢个包袱,如"一手烟坑自己,二手烟害别人,那你知道'隐形杀手'三手烟吗?"吸引观众带着好奇看下去,再把前面丢的大包袱滞后解答,从而提高完播率,最终实现观众点赞关注的目的。

2. 短视频脚本创作时，阶段性抛出新问题来提高观众调性。如"你以为吸烟是你一个人的事？烟的捣蛋路线可没你想得那么简单！"接着用反转等亮点来引导观众持续观看。

3. 创作内容的思想价值要引起观众产生共鸣，保持观众黏性。如在视频结尾处加入"所以能戒烟就戒了吧，要是实在抵抗不住烟瘾，那就换身衣服洗个澡，再和孩子亲近吧"。很多烟民对三手烟概念的缺乏，导致家中小孩被迫吸入三手烟。再加上结合生活化的劝说，强烈地引起观众产生共鸣，大大提高了评论、转发等行为的互动率。

4. 再次提出视频中最大包袱"三手烟"勾起观众的好奇心。该视频分为上下集，引导观众浏览主页寻找下集，有效地实现了涨粉、引入流量的指标，最终达到了"熄"烟的目的。

三、传播效果及评价

抖音+西瓜视频浏览量 5,000 多万次，转发量 12 万多次，点赞量 100 多万次，评论量 9 万多次。本期视频完播率是 50.9%，整体没有出现断崖式下跌，趋于平稳。表现形式具有幽默趣味性，幽默是一种智慧，可以表现在人物道具上，也可以表现在语言上。要注意形式搞笑并不等于搞笑，通常以一种有趣的视觉来表达真相。（如该期视频中，黄牙突然从画面外跑入，打断老原儿讲话）

1. 有效提高完播率。前序内容包含吸烟时，烟对人身体产生危害的过程，以及在任意场合随便吸烟的不文明行为，使他人被迫吸二手烟。在这个时间段，完播率较高，其中"吸烟不文明行为"在评论区的互动话题数极高，大量观众在评论区内吐槽在生活中被迫吸二手烟的经历。当然，在创作过程中，也要提前预测到观众感兴趣并关注的点，目的就是引发观众的不同凡响，在评论区形成大的讨论场，使该话题引发热议，有效地提高了完播率。

2. 有效提高互动率。由于抛出了"三手烟对小孩的危害"的问题，立体地把看不见的三手烟变得可视化，与模型婴儿进行互动，让观众可感并且提高了观众对三手烟的认知。在视频结尾处点睛，给出简单清晰的建议（如"那就换身衣服洗个澡，再和孩子亲近吧"），更深地拉近了创作者与观众的距离，提高了互动率。其中视频中的提到"吸烟不文明行为"引起了观众的共鸣，在评论区引发大量观众纷纷吐槽自己被迫吸入三手烟的经历，也提高了节目互动率。

李永乐：一块黑板玩转科学知识

【科普视频题目】千万不要用微波炉烧水！李永乐老师讲过热/过冷液体

【播放平台】西瓜视频

【视频时长】16分55秒

【上线日期】2021年2月19日

【选题内容所属领域】基础科学/生活解惑

一、亮点分析

1. 课堂化的场景设定唤起公众的共鸣与共情。把生活实例和科学知识联系起来，深入浅出地介绍了微波炉烧水、高压锅煮东西等与日常生活息息相关的物理知识；视频中科普主播以一支粉笔、一面黑板为公众讲解科学知识的场景，不仅唤起了无数人的学生经历，而且具有一定的辨识度和风格特色。

2. 结合生活现象阐释科学知识，激发公众注意力。对一些人们司空见惯的事务或现象进行"陌生化"拆解，从饱和蒸气压到沸腾（暴沸），再到其他过饱和现象，不到17分钟的视频具备丰富的内容增量，这些丰富的知识点让公众明白科学知识在生活中的实用性；视频开头从司空见惯的日常生活现象引出"饱和蒸气压"的概念，然后循序渐进地将知识点落到物理公式上，由浅入深，使知识融会贯通。

3. 风趣幽默的讲解方式增强了视频的感染力。科普主播叙事逻辑性非常连贯，不仅在叙事论理中将各种生活现象信手拈来，而且知识转化能力较强，兼顾内容的知识性与趣味性，使公众易于接受。

二、叙事逻辑

1. 提出问题。以课堂为场景，老师教授知识为背景（模拟上课），由学生提出问题。视频从小朋友的问题开始，引出日常生活现象——沸腾（暴沸）现象。

2. 老师论证。紧接着，博主开始剖析沸腾（暴沸）现象背后的科学道理，即水的沸腾与大气压的关系（饱和蒸气压），以及如何使用这个原理去解释沸腾（暴沸）现象。

3. 引导公众找出答案。整个论证过程像是在解物理题一样，随着科普主播用粉笔在黑板上一步步解答（论证过程更为直观，用户参与感更强），按照由浅入深、循序渐进的方式，最终引导公众找到问题的答案。

4. 由自然现象推及人身上，点睛之笔。在此基础上，博主还对生活中的其他过饱和现象进行了拆解与分析，进一步丰富了科普视频的知识点和可看性。

三、传播效果及评价

该科普视频自上线以来，截至 2022 年 3 月 21 日，在西瓜视频的播放量已达 1,250.6 万次，点赞量达 3.6 万余次，收获 2,016 条评论，314 条弹幕。

视频上线后，受到了网友的较高评价，"李老师就是厉害，无论多么难的问题他都能给你掰扯得那么简单明白，这才是真正的好老师"，"就喜欢李老师公式讲解，通俗易懂"，"好棒的科普视频！生动且有趣！"，"讲得太好了，真希望有更多的像李老师这样的高才生来做教育，来当老师"……由此可见，李永乐在科普视频方面兼有的专业性、知识性与趣味性。

科普中国：四步法则让科技知识成为流行

"科普中国"是中国科学技术协会协同社会各方利用信息化手段开展科普而打造的科学权威品牌，旨在向全社会提供科学、权威、准确的科普信息内容和相关资讯，进而提升国家科普公共服务水平。作为科普中国系列频道的网络入口和集中呈现，科普中国导航页自2015年上线以来，大力营造"众创、严谨、共享"科普生态圈，目前汇聚了科技前沿大师谈、科学原理一点通、军事科技前沿、乐享健康、全民爱科学、科幻空间、科学达人、V视快递、科学辟谣、智慧农民、科普融合创作与传播、科普中国网、科普中国服务云等系列品牌网站，在丰富科普内容、促进科普传播、满足社会大众科普需求、构建"科普中国"公共传播体系等方面取得了较为显著的成效。

一、签约专家团队打造互联网科普视频内容库

科学普及不仅是科学家的分内事，而且是科普媒体的分内事，更是科学家与科普媒体共同的社会责任。因此，

科普需要整合政府有关部门、科技界、教育界和社会各界的力量，充分调动科学家、科技工作者和科普媒体人的专业优势和积极性、创造性，进一步提升优质科普内容的创作和传播能力。

自上线以来，"科普中国"一直非常重视专家库建设和团队库建设。截至 2021 年 12 月，科普中国累计签约专家总量 3,991 位（含院士 57 位），专业机构与合作团队总量 2,093 个。欧阳自远、孙宝国、武向平等一批科学传播专家的签约和果壳、北京协和医院、中国科学技术大学科学传播中心等专业机构的加盟，不仅为科普中国科普视频的选题策划、内容制作、科学审核等环节提供了有效的智力支持，而且极大地提升了科普中国科普视频的生产能力。截至 2021 年 12 月，科普中国原创视频和合作视频的资源总量累计分别达 24,481 个、18,018 个，总时长分别达到 109,067.19 分钟、88,801 分钟。

二、科普选题围绕热点专题及时回应社会关切

在媒介资源日益丰富的智能媒体时代，公众的信息获取与消费习惯越来越视频化，各种打着科普旗号的视频内容却鱼龙混杂，极易混淆视听，进而引发公众恐慌。因此，科普视频选题一定要接地气，要能够贴近公众的生活实际，善于抓住社会热点问题和重点问题，直击用户生活痛点，及时回应社会关切，为公众进行权威的科学把关、解疑释惑，进而

避免"假"科普带来的损害。

自上线以来,科普中国围绕医疗健康、食品安全、生活解惑、应急避险、生态保护、航空航天和前沿科技等公众关注的热点话题,开发制作了一批质量精良、及时回应的科普视频资源。2021年,科普中国围绕"中国空间站核心舱发射""天问一号成功着陆火星""中国航天员首次出舱""2020年东京奥运会""德尔塔毒株""碳达峰碳中和""神舟十二号成功返回""神舟十三号载人飞船发射""生物多样性公约"等热点事件生产科普视频近百部。值得一提的是,2021年7月,河南省郑州、新乡等多市因普降暴雨引发了城市内涝和山区洪水,科普中国主动联系河南省科协,紧急组织生产防汛救灾科普相关视频,其中《科普融合创作》栏目发布的视频作品《河南特大暴雨能预报吗?人工干预让暴雨分批下可行吗?》传播量达200万次,及时回应社会关切问题,正确引导社会舆论。

三、联动广电媒体积极拓展科普内容传播渠道

科普事业并非单纯由政府部门全权负责,科普与信息化深度融合发展不仅要加强科普中国自有平台的建设,而且要借力主流媒体的传播矩阵优势,通过构建"资源互补、平台共建、成果共享"的联动机制,进一步拓宽科普内容的传播渠道,使科技知识可以更广泛有效地触达受众,进而提高其

科学素质。科普中国自诞生之初就致力于探索科学传播与视听媒体融合发展的新范式,通过与传统广电媒体在科普视听节目制作、上线"科普中国"电视频道等领域开展多维度合作,已初步摸索出科普与"新视听"融合发展的路径。截至2021年12月,累计传播渠道已达692个,其中电视端渠道总量183个,手机端286个,公共场所128个。

自2017年6月中国科学技术协会与吉视传媒股份有限公司签署战略协议率先在吉林省上线"科普中国"电视频道以来,广西、贵州、海南、北京、云南等地科协纷纷与当地(网络)广播电视台签署战略合作协议,在交互式网络电视(IPTV)宽带电视平台上开设了"科普中国"视频专区,实现"科普中国"的优质视频资源通过广电网、互联网、移动互联网三网互通、多屏互联。在此基础上,科普中国的应急防疫视频上线了河北电视台、吉林卫视、内蒙古乌海广播电视台等21个电视终端和公共场所,其精选视频也多次被央视13套、广西、江西、新疆、南京等地的电视频道进行重点推荐。此外,由科普中国与中国网联合制作的微纪录片《科学光芒》在电视台、有线电视、IPTV、地铁电视、公交、科技馆等32个渠道持续滚动播放,覆盖总量达1.5亿人次;中国科学技术协会与北京广播电视台联合打造的国内首档科学家演讲节目《科普中国·改变世界的30分钟》,节目首播收视率居北京科教频道冠军。

四、合力构筑立体化科普视频传播新媒体矩阵

传播技术的不断革新不仅形塑着公众的媒体信息接触与消费习惯,而且在不断改变着传播生态。在媒体融合不断向纵深推进的当下,科学普及也应该及时搭上媒体融合的快车,充分利用新媒体和信息技术手段,不断创新传播手段和内容呈现方式,合力构筑立体化科普视频传播新媒体矩阵。在无视频不社交的新媒体时代,各类视频平台展现出强大的传播力量。更进一步说,科普类视频内容正在快速崛起,知识科普逐渐成为泛知识内容品类视频增长的中坚力量。在多元主体的参与下,短视频平台上出现的大量影响力大、传播力强的抗疫科普作品,在引导公众科学应对疫情、科学生活方面发挥了重要作用。

科普中国立足于新媒体环境下公众信息获取的关切和需求,截至2023年3月,建设传播渠道739个,其中移动客户端295个,科普中国全网用户总数达84万人,基本构建覆盖全领域知识阶层的新媒体账号的移动传播矩阵。在此基础上,科普中国以在第三方新媒体平台开设的账号为出口,输出了一系列高品质垂直类科普视频内容,获得平台及用户的持续认可,科普中国第三方新媒体账号收揽《人民日报》、新华网、网易、新浪新闻等平台颁发的各项荣誉,其传播力、影响力、引导力和公信力得到不断提升。科普中国的优质科普视频除

了在 V 视快递网站有不俗的点击量外，这些视频经过科普中国第三方新媒体账号的二次传播，亦收获了成百上千万的点击量，实现了互联网领域的长尾效应。

第三章

县级融媒体中心的科技传播

县级融媒体中心科技传播研究以上海、山东、四川等 10 个县级融媒体中心为研究对象,从基本情况、在科学传播上的成就及问题、对策建议等方面进行分析,探索县级融媒体中心如何提高科技传播能力水平。10 个县级融媒体中心着力建设点不同,各具特色,希望为县级融媒体中心开展科技传播提供一定示范意义。[①]

[①] 本部分案例撰稿人员有任嵘嵘、陈秉塬、苏丽坤、张鑫、苏露阳、尹芳、路颖、石云汇、王佳琪、王艺颖等。

以新媒体发力，平战结合开展科技传播

【案例来源】上海市浦东新区融媒体中心

一、基本情况

浦东新区位于上海市东部。1990年4月18日，中共中央、国务院宣布开发开放上海浦东。2009年5月6日，撤销上海市南汇区，将其行政区域并入浦东新区。当前面积1,210平方千米，常住人口568.15万人，现辖12条街道、24个镇。

2018年10月，根据上海市分批建设区级融媒体中心的统筹安排，浦东新区开始着手创建融媒体中心。2019年9月16日，浦东新区融媒体中心挂牌成立。创建过程中，针对传统媒体渠道资源相对薄弱的情况，浦东新区紧抓"浦东发布"微博、微信、抖音号及"浦东观察"App"两微一端一抖"的新媒体平台建设，不断扩大传播矩阵。2020年，"浦东发布"头条号、抖音号、百家号、澎湃号等相继投入运营，多平台布局日渐完善，各项指标稳居上海市区级融媒体中心第一。

二、入选理由

浦东新区融媒体中心努力推动新媒体平台的融合发展,不断提高"喉舌"意识和服务意识,立足浦东特色,做好科技传播。"中心"依托自身区域经济较为发达的优势,将服务科技创新驱动战略作为中心工作,凭借已有的高起点平台与优质人才队伍,创作精品科技传播内容,自觉服务浦东新区发展大局。中心推出"学习强国"融媒号,设立《科创中心》栏目,对浦东新区建设发展过程中的科技创新活动、核心产业关键技术、科创领域等进行常态化推送。在2020年浦东新区开放30周年的关键时间节点,组织全平台发力,推出一系列全媒体原创内容,宣传浦东新区改革发展成果和科技创新成果。面对严峻的疫情防控形势,中心勇于担当,主动作为,分析网络舆情,创作疫情专题,积极开展应急科普宣传,采写了大量鲜活生动的稿件,在报纸、广播、电视、新媒体等平台推出系列跟踪报道,引导公众科学防疫抗疫,成为融媒体中心在经济发达地区提高创作生产能力、做好科技传播的典范。

三、特色工作

(一)借力"学习强国",抓好常态传播

2020年12月14日,浦东新区融媒体中心正式上线"学习强国"学习平台，成为全国首批上线的"学习强国"学习平台县级融媒号。目前，浦东新区融媒号开设了《自贸区》《科创中心》《产业金融》《文化大观》《街镇民生》5个栏目，充分利用"学习强国"学习平台传播优势和区融媒体中心资源优势，大力宣传浦东新区，扩大自身传播力和影响力。其中《科创中心》栏目对浦东新区建设发展过程中的科技创新动态、核心产业关键技术、科创领域成果转化等进行常态化推送，对外展示浦东新区科技事业发展和科技创新成果。

（二）服务创新发展，组织专题传播

浦东是全国创新的引领者，也是自主创新发展的时代标杆。区融媒体中心自觉围绕中心服务大局，立足本区特点，持续关注浦东"创新潮"，并组织开展专题报道，向社会介绍浦东在推进科技创新、促进产业优化升级、突破供给约束堵点、依靠创新提高发展质量的做法和成果，以及如何用最短的时间、最优的方案，解锁"卡脖子"技术，为提高企业国际竞争力、实现产业高质量发展的探索和努力。

2020年是浦东开发开放30周年，区融媒体中心组织全平台整体发力，坚持全年持续开展报道，聚焦高水平改革开放、高质量发展、高品质生活，推出一系列全媒体原创内容，尤其是"而立浦东再出发"系列报道，累计发稿230多篇，全网阅读量8,000多万次，集中展示了浦东开发开放30年来的伟大成就，有效激发了公众的创新热情与信心。

（三）聚焦突发事件，开展应急传播

面对台风、疫情等突发事件，区融媒体中心以新媒体平台为切入点，在进行深度报道、做好舆论引领工作的同时，积极主动开展应急科普宣传，为县级融媒体中心开展科技传播提供了示范。

2021年7月25日，台风"烟花"在浙江舟山普陀到上海浦东沿海登陆。区融媒体中心推出"云看"新媒体直播，并派出"追风小组"，推出"云看"之抗击台风"烟花"新媒体直播，及时介绍台风的最新情况和台风安全防范科普知识，深入报道浦东为确保人民群众生命财产安全和城市安全有序运行，上下精心组织、全力以赴科学迎战"烟花"的工作举措和现场情况。

2021年2月5日，浦东新区高东镇新高苑一期被列为疫情中风险地区。从封闭式管理第一天到最终解封期间，区融媒体中心精心组织、加强策划，记者们连续奋战在一线，采写了大量鲜活生动的稿件，在报纸、广播、电视、新媒体等平台推出系列跟踪报道，营造了众志成城抗击疫情的浓郁氛围，展示了浦东疫情防控工作的特色和亮点。在疫情发展不同阶段，区融媒体中心围绕防控工作主线，按照权威口径做好疫情信息通报，抓住典型案例讲好抗疫故事，针对网络舆情及时辟谣，推出了《我们守卫东大门》等一大批传播效果好的作品。《浦东"战疫"短视频系列》全网阅读量达2.5亿次；《医生新郎奔赴防疫一线 留下新娘独自走红毯》全网首发，

抖音播放量678万次，微博阅读量164万次。特别是从浦东"智慧病房"挖掘科技信息，向公众介绍了浦东首个便捷就医服务数字化转型场景展示厅、公立医院数字化转型背后的科技知识，以及在园区就餐3分钟出热菜的"库盒"智能炒菜机等智能化技术应用场景。还通过对疫情防控建议征集渠道的介绍，向公众展示数字化平台中心应用的高效和便捷。

四、模式总结

上海市浦东新区融媒体中心的科技传播属于县级融媒体中心主导模式。处于经济发达地区融合发展较好的融媒体中心，开展科技传播的核心在于其对科技前沿性的深入理解和较强的创作能力，具体体现在问题找得准，融媒产品水平高。首先，从传播主体方面看，县级融媒体中心具有传播主体和传播渠道的双重特性。意味着在这两种模式下，县级融媒体中心不仅作为传播主体处于主动位置，而且基于自身属性提供传播渠道便利。其次，从驱动因素上看，驱动县级融媒体中心开展科技传播的因素是服务中心工作的理念宗旨，例如县级融媒体进行科技传播的落脚点和出发点都是为了服务该地区的经济发展。第三，从传播范围上看，科技传播内容涉及科技创新、科技前沿的内容，并与区域中心工作、区域支柱产业发展相匹配，传播内容覆盖面相对宽泛，科技传播工作体现在不同领域的高端引领及科技前沿。第四，从传播形式上看，县级融媒体中心科技传播的表现形式主要体现在设置专栏和创作专题内容，做好常态化科普与应急科普的科学传播。

县级融媒体中心主导模式下的运行机制侧重强调县级融媒体中心对科技传播的意识与能力，超越工作本身的要求主动开展科技传播。当其服务县级中心工作的任务与科技传播相契合时，县级融媒体中心就会加大对科技传播的重视程度，利用自身的传播渠道通过专栏、专题开展常态化的科技传播，进而服务于中心工作。该模式的基点是县级融媒体中心找到县域中心工作和科技传播的交叉点，对科技传播有较高的认知能力和较强的创作能力，通过增加专栏、创作专题平战结合开展科技传播工作，起到的是引领作用（见图3-1）。

图 3-1　县级融媒体中心主导模式下的运行机制

五、启示与借鉴

（一）突破自身资源制约，从新媒体发力

从"十三五"的"推动传统媒体和新兴媒体融合发展"

到"十四五"的"推进媒体深度融合",媒体融合进入发展新阶段。经历了早期简单相加、低端同质化竞争的粗粝生长阶段后,现在媒体融合已步入内涵式增长、差异化纵深发展阶段。新时代背景下,媒体间如何深度融合?媒体间融合基础上如何与科技传播有效融合,究竟怎么"融""合"什么?往哪"深"?如何在"守正"的基础上"创新"?这些都是县级融媒体平台开展科技传播需要思考的问题。

作为直辖市融媒体中心只包含两个层级。上海选择的模式为全新建设,即主管部门和新型主流媒体共建的模式。同时,上海区级融媒体中心建设采取一个平台、统筹推进的方式。新媒体平台为传统媒体提供了技术手段,传统媒体则是优质内容的提供商,两者从"相加"到"相融",合力向公众传递出快而准的新闻消息。但上海市浦东新区融媒体中心自身平台欠缺,在融合前没有独立的电视台和报刊,相对于其他区融媒体中心来说,传统媒体资源相对薄弱,传播渠道上有一定限制。《上海市关于加强区级融媒体中心建设的实施方案》中明确提出,要坚持移动优先,强化体制机制创新,真正实现融为一体、合而为一。因此浦东新区融媒体中心主要在新媒体发力,尤其重视 App 的建设。

面对融媒体建设,据报道,2019 年 1 月 25 日,习近平主席到人民日报"中央厨房"工作室同采编人员亲切交谈时指出:"必须紧跟时代,大胆运用新技术、新机制、新模式,加快融合发展步伐,实现宣传效果的最大化和最优化。"因此，融媒体中心应该基于自身条件，最大限度打通传播渠道，探索建立基于流程再造和互联网大数据基础上的传播模式，强调多元化宣传，实现"资源融通、内容兼容、宣传互融、利益共融"的融媒体特点，以构建融媒体传播矩阵为出发点，真正激活新时代下融媒体的活力。通过打造多样化、个性化、可视化的"融合产品"，释放出强大的内容生产能力。

（二）集中力量生产出高质量的精品

一些市场化平台通过搜集、分析公众数据及浏览习惯，利用算法推荐技术，将信息精准推送给公众，以满足受众分众化、个性化、差异化的需要，由此形成信息茧房。公众有限的注意力被无数的端口瓜分，流量变成了稀缺资源。各类媒体不得不从"跑马圈地"转移到"精耕细作"，开始深度挖掘、专业化比拼，以期吸引更多注意力，获取更大流量。在流量、质量面前，媒体的选择决定着媒体深度融合的方向，以及对公众的引导。县级融媒体中心在开展科技传播的过程中是以优质内容为本，还是增加流量为基准，这些选择将影响对公众的引导。

（三）突出融媒体的舆论引领作用

浦东新区融媒体中心在按照"党管媒体"原则，发挥融媒体中心传播党的声音、统一思想认识、凝聚社会共识的重要作用。在坚持"新闻+政务+服务"功能定位的同时，遵从"新闻"功能前置的逻辑。媒体平台和媒体内容是融媒体中心应关注的重点，还要注重顶层设计，切实发挥融媒体的"舆论引领"作用。要实现媒体的深度融合，就要明晰传播规律，适配公众所需，运用新兴技术手段，以报、网、端、微等可以利用的平台为支点，形成传播矩阵并互为生态支撑，聚合渠道，合力分发内容，加速推进科技内容"出圈"。要以专业的新闻态度深入挖掘和阐明科技事件的因果关系，洞悉事件背后的实质和意义，追踪和探索其发展趋向，借助新媒体手段反映事实，让媒体融合步入良性循环轨道。

互联网的逻辑就是连接与分享，县级融媒体中心不仅要搭建与公众的内容连接、信息连接平台，而且要聚焦本地重大科技发展事件进行深度报道，记录科技发展历程，将科技发展、区域发展以及公众科学素质提升相融合，与公众搭建兴趣连接及情感连接平台，为公众个性化定制友好贴近的专属内容。与此同时，县级融媒体中心要发挥线下活动的反哺作用，精准定位本地活动需求，有效反哺线上平台活跃度和知名度。

织密科技传播网，新媒体服务教育名城创建

【案例来源】山东省高密市融媒体中心

一、基本情况

1949年中华人民共和国成立后，高密市隶属关系几经变化，撤县设市后，作为县级市归山东省潍坊市代管。当前全市共辖7个镇、3个街道和2个区。总面积为1,605.55平方千米。高密市聚力打造"教育名城"，全市教育文化氛围浓厚，先后入选首批全国义务教育优质均衡发展县、第三届山东省文化强省建设先进市、全国科技创新示范县。

2019年8月6日，高密市融媒体中心在新闻大厦正式挂牌成立。建成后的融媒体中心整合报纸、电视、新闻网等媒体资源，实现优势叠加。2021年3月，高密市融媒体中心及其4种服务形式（高密融媒网、"爱高密"App、"高密融媒"腾讯微信公众账号、"高密市广播电视台"腾讯微信公众账号、"高密市广播电视台"新浪微博公众账号）获得山东省首批互联网新闻信息服务许可证。2022年3月3日，高密市召开

全市政务新媒体工作会议，要求各部门分散建设的移动政务服务应用统一入驻"爱高密"App，促进政务新媒体规范有序发展，将"爱高密"App打造成全市一体化政务服务平台移动端，把融媒体中心建设成为主流舆论阵地、综合服务平台和社区信息枢纽。

二、入选理由

　　高密市融媒体中心着眼大局，站在服务全市创建"教育名城"的高度，谋划媒体的深度融合与发展。市融媒体中心把创建"教育名城"列入中心工作，凭借新能力、新技术、新服务，积极搭建网络、微信公众号、电视三位一体、深度融合的宣传网络，着力拓展多元传播渠道，扎实做好"教育名城"创建宣传工作。通过开设《教育名城》栏目、开展主题科普宣传和热点科普宣传等多种形式，面向不同重点人群，全平台全渠道精准推送传播科技知识，形成了新旧媒体优势互补、协同联动的一体化科技传播格局。中心还以服务群众健康需求为己任，将《健康》栏目打造成公众信得过的健康科普平台，为县级融媒体中心开展科技传播提供了成功示范和样板。

三、特色工作

围绕全市聚力打造"教育名城"目标,市融媒体中心积极发挥优势,加大教育工作的正面宣传和舆论引导力度,牢牢占领新媒体舆论宣传的主阵地和制高点,在宣传全市教育教学改革发展亮点的同时,开设专栏专版普及科学知识,服务全市中心工作,厚植高密高质量发展的"土壤"。

(一)开设《教育名城》栏目

市融媒体中心在高密融媒网上开设《教育名城》专栏,针对不同人群开展科普教育,以教育的视角将科学知识的宣传和普及融入其中。

1. 面向青少年

针对中小学生感兴趣的热点话题,市融媒体中心深入挖掘并制作新闻宣传作品进行传播普及,如中国航天日转载了《人民日报》刊发的文章《用古诗词致敬中国航天,星辰大海、永不止步!(为孩子收藏)》,普及航天知识、弘扬科学精神;安全教育日转载了《孩子发生意外主要集中在这10个方面,一定要警惕!》的图文,教育引导孩子学习掌握安全知识和自救常识。

结合热点话题开展专题科普教育,如在"天宫课堂"开讲期间,市融媒体中心设立航天专题,将国内媒体中相关信息进行筛选,转载了《"天宫课堂"第二课即将开讲!你有哪些期待？》《"天宫课堂"第二课干货满满》《"天宫课堂"背后，有这样一群飞控人员》等图文消息，帮助青少年一起发现科学以及背后的秘密，激发青少年及社会大众的科学兴趣。

此外，市融媒体中心还组织创作了《健康提醒：线上学习，请收好这份护眼指南！》等原创性内容，引导学生在线学习科学保护视力。

2. 面对老年人

为进一步增强老年人规避风险的意识，切实防范诈骗案件的发生，保护老年人的财产安全，市融媒体中心通过转载《可千万不能去啊！不买也不能去》等文章，积极开展识骗防骗护老消费科普宣传教育引导，对以商品回购、寄存代售、消费返利、会议营销、养生讲座等方式，诱骗中老年人购买价格虚高的保健品或者假冒伪劣产品等常见诈骗招数和案例进行详细分析，提高老年消费者的识假辨劣、防骗识骗和依法维权能力。

针对老年群体普遍应对新媒体能力弱的问题，市融媒体中心积极收集国内先进省份的先进经验和做法并在媒体分享，如转载了《人民日报》的文章《云南破解老年人使用智能技术难题》和云南省政府办公厅发布的工作方案，以此唤起全社会的重视，推动解决老年人在使用智能技术新媒体方面遇到的困难，从而增进老年人福祉。

3. 面对公众群体

市融媒体中心通过网站及时转发科普、科技最新资讯，助推全民科学素质持续提升。如转发了中国科学技术协会等5部门联合印发的《关于印发2022年"共和国的脊梁——科学大师名校宣传工程"工作安排的通知》，五部门共同推动建设"学风涵养工作室"，打造"风启学林"社交媒体平台。转发了中共中央办公厅、国务院办公厅印发的《关于加强科技伦理治理的意见》以及《光明日报》就此刊发的《给科技立起伦理防火墙》一文。

为更好地服务"教育名城"创建，市融媒体中心创办了《康成书院》电视专题栏目，及时准确地解读高密教育改革与发展中的重大决策部署，围绕重大教育项目建设开展针对性的宣传报道，为群众及时准确地了解科技、教育措施搭建平台、畅通渠道，进一步增强了教育工作的透明度。栏目每周1期，在高密电视台生活、新闻、影视、红高粱4个频道定时播放。

（二）首页设《健康》专栏

1. 注重主题日宣传

市融媒体中心充分利用传统节日和纪念日有效载体，开展主题科普宣传，普及相关知识，丰富思想内涵。如2022年5月25日是全国护肤日，县融媒体中心转发《健康时报》的文章《瘙痒、干燥、疼痛，中老年人出现这些问题警惕三类皮肤病！》；5月25—31日是第14个国际甲状腺知识宣传周，转发了科普文章《健康在"腺"甲状腺的小激素，身体健康大作用》；4月25日至5月1日是《职业病防治法》宣传周，转发了《一切为了人民健康》的时评文章，宣传健康中国战略，呼吁全社会重视尘肺病等职业病防治，预防、控制和消除职业病危害。

2. 关注健康热点

猴痘问题刚一出来，市融媒体中心就转发了中国新闻网的《全球15国报告，已发生人传人，猴痘疫情会否全球大流行？》，以及健康潍坊、《健康报》新闻频道的《关于猴痘，我们采访了中疾控专家》的消息，并对百姓关注的问题进行答疑释惑。结合疫情防控工作，转发了科普文章《及时接种新冠疫苗、公共场所科学消毒……权威解读来了》，文中有关专家对为何要及时接种新冠病毒疫苗、如何对公共场所科学消毒做出权威解答。为了给疫情防控志愿者提供专业有效的岗位培训，县融媒体中心转发了中国健康教育中心的《疫情防护指南——志愿者篇》，供广大志愿者线上学习。

3. 坚持常态化推送

市融媒体中心以服务群众健康需求为己任，倾力将《健康》栏目打造成公众信得过的健康科普平台，坚持每天转发推送1~6条权威医疗信息，引导公众树立科学的健康生活理念，学习、了解有关常见病的防治防控措施，及时关注国内外最新医疗科技成果，科学掌握健康养生常识。《夏天到啦！孩子怎么吃更健康？这份饮食健康指导，家长必须看看》《最新研究：一个常见习惯，会增加 12 种疾病风险》等文章贴近生活，吸引众多公众浏览观看。

四、模式总结

山东省高密市融媒体中心在科技传播方面与上海市浦东新区融媒体中心一样，属于县级融媒体中心主导模式。可以看出，经济发达地区更加重视教育，整个区域对教育与科技的认知和敏感性，远远超过经济欠发达地区。一方面，县级融媒体中心作为传播主体，具有主动开展科技传播工作的意愿；另一方面，县级融媒体中心整合多种传播渠道，实现了科技传播能力的自我提升。传播主体与传播渠道的叠加与融合，促进了县域科技的高质量传播。其次，从驱动因素上看，驱动县级融媒体中心开展科技传播的因素，是其服务县域中心工作、服务县域公众的理念。最后，从传播对象看，该区域找到县域科普的重点人群，面对"一老一小"开展传播，在传播内容方面，面对青少年以科技、教育为主；面对老年以健康为主题，传播内容与传播对象相匹配。第四，从传播形式上看，县级融媒体中心科技传播的表现形式主要体现在设置专栏、创作专题，开展常态化的科技传播，通过点滴积累持续推送。

县级融媒体中心主导模式下的运行机制侧重强调县级融媒体中心主动开展科技传播的特性，强调媒体科技传播责任。县级融媒体中心开展科技传播工作的积极性与传播效果在与县域中心工作一致时得到进一步加持。利用自身传播渠道，以专栏、专题的形式开展常态化的科技传播，有效服务于中心工作。该模式的基点是县级融媒体中心找到县域中心工作和科技传播的交叉点，针对科普重点人群，通过增设专栏、创作专题全方位地开展科技传播（如图3-2所示）。

图3-2 县级融媒体中心主导模式下的运行机制

五、启示与借鉴

（一）把打造"教育名城"列入中心工作

高密市深厚的历史底蕴、改革基因和现实基础，决定了打造"教育名城"是历史和现实的必然选择。县融媒体中心深刻认识到打造"教育名城"是促进教育内涵发展的重要契机,是推动高密高质量发展的重大战略。为此,"中心"将聚力打造"教育名城"作为中心工作,以全媒体平台为基础,以新能力、新技术、新服务主动做好"教育名城"创建工作;在承担传播责任的同时,还用大数据总结一些规律,制作有深度思考和富有建设性意见的作品;带着第三方的视角来发现问题,并给出解决方案,使其成为"教育名城"创建链条上的重要一环。

(二)把常态化科普与教育名城结合起来融入中心工作

高密市融媒体中心坚持"传播力决定影响力,话语权决定主动权"的理念,充分发挥内容采编和制作传播的专业团队和技术力量,紧密围绕全市的重点工作、活动、会议、政策、相关文件等进行内容的宣传策划和制作播发,同时将常态化科普与教育名城结合起来有效融入中心工作,通过图文醒目、位置突出、内容实用、解读权威、通俗易懂等方式。最值得借鉴的是针对不同人群,精心规划,转载与推送不同的内容,满足广大公众对科普知识的需求,实现特色工作与中心工作、服务与传播的两结合、两促进,有效扩大了传播的覆盖面、受众面和影响力。

(三)以队伍建设促媒体有机融合

高密市融媒体中心基于自身能力的制约,与先进的融媒体中心相比,在制作能力方面存在一定差距,但高密市融媒体中心采编意识、采编思维、采编手段、采编方式值得借鉴。以开阔的视野和思路，多侧面、多层次、多维度挖掘各部门行业的深度信息，实现了内容创新；以全新的理念思维和新技术、新手段，立体化、全方位进行信息发布传播，实现传播方式的创新。

三项硬核举措，
助推全国科普示范县成功创建

【案例来源】贵州省黔东南苗族侗族自治州锦屏县融媒体中心

一、基本情况

锦屏县位于贵州省东南部，黔东南州东部，是黔东南通往湘、粤、桂的重要门户。全县总面积 1,619.14 平方千米，辖 7 个镇、8 个乡和 1 个省级经济开发区，有 115 个村（社区），2021 年末全县户籍人口 23.93 万人，有侗、苗等 19 个民族，少数民族占总人口的 89.64%，是一个集少数民族文化、红色文化于一体的多文化聚集地。

2019 年初，锦屏县融媒体中心正式挂牌上线运行，并与全省其他县市区融媒体中心一起统一接入"多彩贵州宣传文化云"，在整合主流媒体，以及政府部门、乡镇（街道）所办政务信息网站和"两微一端"等的基础上，建立新媒体矩阵。中心设有办公室、采访部、总编室、编辑制作部、社教专题部、新媒体管理部、技术部、运营部 8 个部门，为媒体融合发展提供了组织保障。建成后的县融媒体中心依托"中央厨房"指挥系统，将报纸、电视、广播、网络、新媒体规范为一体化新闻生产流程，实现了媒体资源共享、采编协同、多媒联动，文字、图片、音视频、直播等融媒形态多维度呈现，新闻生产力、产品竞争力和县域内受众覆盖面较融合前大幅提升。

二、入选理由

面对经济不够发达、人口较少、地理位置偏远等区域劣势，以及融媒体中心技术平台建设基础相对薄弱的实际情况，锦屏县融媒体中心打破思想束缚，积极探索创新，在融媒体中心建设上提出了独具特色的完整性解决方案，即服务中心工作，加强科技传播，提升全民科学素质，助力县域经济高质量发展。为此，县融媒体中心积极参加全国科普示范县创建工作，充分利用电视、广播、"两微一端"媒介大力开展科技传播，以"内宣+科普""外宣+科普""活动+科普"三项务实举措，将科技传播融入中心各项工作，以常态化的科技传播为切入点，对创建措施、创建活动、创建典型、创建成效及时进行宣传播报，在全县营造出浓厚的创建氛围，提高了市民创建参与率、知晓率、满意率，进一步提升了锦屏的城市形象，为少数民族地区公众科学素质提升、锦屏成功创建全国科普示范县发挥了重要作用。

三、特色工作

锦屏县融媒体中心积极参加全县"2021–2025年度第二批全国科普示范县"创建工作，通过"外宣＋科普""内宣＋科普""宣传＋疫情""建设＋科普"等举措，加强日常科普宣传和应急科技传播，当好全民科普宣传员，助推科普中国建设，为经济水平与融媒体水平均相对落后的地区开展科技传播提供了有益借鉴。

（一）发挥自身优势，营造创建"全国科普示范县"氛围

锦屏县是2021–2025年度17个第二批全国科普示范县之一，是黔东南州唯一一个创建县。创建全国科普示范县既有助于展示锦屏形象，也有助于提高公民素质、促进创新创造，切实提升发展实力，促进科普事业和地方经济社会协调可持续发展，从而推进各项事业协同发展。

全国科普示范县创建工作启动后，县科协主动投入创建工作，进一步加强对科普工作的支撑，专门成立了科普工作领导小组，将科普工作纳入工作重点，并在人员、经费及相关资源配置上予以大力支持。中心充分发挥媒体资源优势，明确创建目标，把握重点环节，搭建宣传平台、策划科普专栏，宣传发动和科技传播富有成效，在普及科学知识的同时，在全县营造出了浓厚的创建氛围，对提高公众的知晓率发挥

了积极的作用。

（二）加强队伍建设，增强科普工作能力

做好科技传播工作，采编人员的科学素养与科普能力至关重要。县融媒体中心依托"科普中国"App，积极组织采编人员以自学、集中学、专题学等方式，学习科普知识，提高科学素质和业务水平。"中心"要求工作人员全部安装"科普中国"App，并参加"百万公众网络学习工程"活动，打造出一支懂科普、会科普的传媒专业人才队伍。"中心"还组织全体工作人员加入科普志愿者组织，积极参加科技志愿活动，在科普实践中积累经验、提高科学思维的敏锐性和科技传播的能力。

（三）加大科普宣传，提升公众关注度

县融媒体中心通过一系列"+科普"措施，向观众传播科普知识的同时，提升了公众对融媒体中心的关注度。

"内宣+科普"提素质。为打通科普服务群众的"最后一千米"，县融媒体中心以"媒体+"的形式，充分利用报纸、电视、微信、抖音等媒体平台以及LED大屏、户外宣传栏等，建立健全科普信息传播矩阵，同时大量汇集科普资讯与内容、大力宣传社会主义核心价值观、反对邪教、防范非法集资等科普知识，让信息多跑路，使百姓少跑腿，提高科普知识的覆盖率。在《杉乡锦屏报》、锦屏电视台、"杉乡锦屏"微

信公众号等媒体平台开设科普专栏，推出科普信息700余篇。通过开设"科普节目"，播放科普小视频，实现普及科学知识、提升公民科学素质的目的。"科普节目"每日固定在锦屏电视台专栏播出3次，在县内4块LED显示屏上每日每块屏幕播放5次，内容涉及地质灾害、毒品、新型冠状病毒、气象等。

"外宣+科普"树形象。围绕建设科普中国战略，县融媒体中心创新对外宣传方式和载体，将科普宣传融入对外宣传工作中，借助上级媒体平台宣传锦屏县科普工作的新举措新亮点。近年来，在上级媒体共刊发科普信息200余篇。

"活动+科普"增黏性。县融媒体中心不断加大科普活动的宣传力度，围绕科技活动周、全国科普日、中国流动科技馆巡展等大型科普活动，组织策划系列宣传和专题宣传。中心还对受群众欢迎、科普效果好的活动进行跟踪宣传，如县少数民族宣传队、县反邪教协会深入大公田、里郎社区等易地移民安置点开展的多场次科普宣传活动，以及中国流动科技馆巡展（锦屏站）活动。科普活动和宣传的双重加持增强了科普的效果，扩大了融媒体的影响力，为促进公民科学素质提升和锦屏经济社会发展发挥了积极作用。

（四）传播疫情防控知识，开展正向舆论引导

科学认识疫情、科学防治疫情，是有效防控的必然要求，也是具体方法。县融媒体中心一方面充分利用传统媒体发布

疫情科学知识，另一方面加强新媒体疫情科学知识的生产和传播，通过抖音等网络新媒体，加强新冠肺炎疫情防控政策的宣传与解读，并及时发布疫情防控以及科学应对疫情的信息。防疫期间，中心组织媒体平台共播发各类新闻稿件近1,200条，循环播放公益宣传广告1,000多条，及时转发上级稿件1,000多条，形成了全民战"疫"的良好氛围。

县融媒体中心密切跟进报道疫情防控、复工复产、"六保六稳"等全县重点工作，在《杉乡锦屏报》、锦屏电视台、"杉乡锦屏"微信公众号等媒体平台开设《众志成城抗疫情》《把时间抢回来把损失补回来》等专栏，及时推送全县联防联控措施和成效，生动讲述防疫抗疫一线的感人事迹，振奋了干部群众的精气神。中心采写的多个信息稿件被央媒刊载播发，其中《贵州锦屏：一手抓防疫一手抓脱贫，认真贯彻总书记重要讲话精神》被中央《新闻联播》播发，特别报道了锦屏一手抓防疫一手抓脱贫的经验做法，新华社也以通稿的形式多次报道锦屏防控典型经验。

四、模式总结

根据贵州省黔东南苗族侗族自治州锦屏县融媒体中心的科技传播属于县级科协主导模式。锦屏县是第二批全国科普示范县之一，是黔东南苗族侗族自治州唯一的创建县。锦屏县融媒体中心充分认识到创建国家科普示范县具有重大的战略意义，认为创建国家科普示范县不仅有利于彰显锦屏形象，而且有利于提高公民素质，促进创新，提高发展实力，促进科普与地方经济协调和可持续发展，从而推进各项事业协同发展。因此，锦屏县科协围绕科普示范县的创建开展了服务于本地的多项科普工作，融媒体中心致力于配合县级科协对于县域内科普工作，对以县域为中心的科普进行报道与传播。

第一，从传播主体方面看，县级科协主导的和科技传播的主体是县级科协或科普工作的相关机构，县级融媒体中心在其中处于配合地位，发挥的只有传播渠道的功能，作用影响相对较弱。第二，从驱动因素上看，在县级科协主导模式下，驱动县级融媒体中心科技传播的因素是科普政策的导向，例如部分县级融媒体中心为响应创建科普示范县的政策导向而展开科技传播。第三，从传播范围上看，在县级科协主导模式下，科技传播内容涉及科协的各项工作、县域科学科技普及的内容，传播内容覆盖面相对宽泛，科技传播工作体现在基层的点滴之间。第四，从传播形式上看，在县级科协主导模式下，县级融媒体中心科技传播的表现形式除专栏与专题外，最为重要的是政策资讯。与此同时，一些科普工作的开展、领导视察等相关消息亦会体现在相应的县级融媒体中心之中。

该运行机制的核心是基层科协非常活跃且开展了大量的科普工作，在科普工作开展的过程中完成科技传播工作。科协工作的相关消息、创作的科普资源需要宣传与报道，此时县级融媒体中心则发挥了渠道的作用，把这些活动、内容传播出去。科普示范县的创建，基层科普行动计划的政策推进，一方面使得县科协科普工作的积极性增加；另一方面使得科普工作纳入了县域的中心工作，得到领导的认可。县级融媒体中心服务中心工作的使命，作为传播渠道积极配合县级融媒体中心把科协、科技、科普的内容大量传播，共同服务于区域公众（见图3-3）。

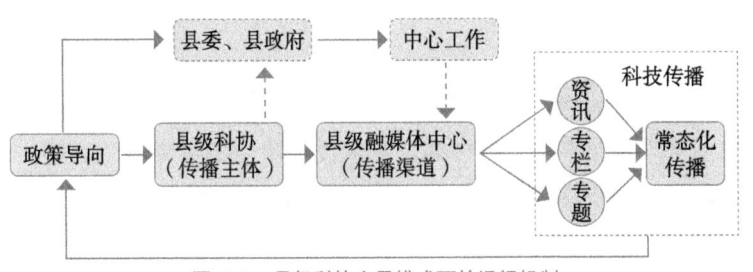

图3-3 县级科协主导模式下的运行机制

五、启示与借鉴

（一）以"全国科普示范县"创建为契机，将科普工作融入中心工作

全国科普示范县（市、区）创建是中国科学技术协会面向基层的重点科普工作品牌，重点是为基层搭建各部门大联合、大协作的科普工作平台，通过广泛创建、典型示范，为基层科普工作注入活力和动力，以推动基层科普工作的全面

发展，促进县域基层科普能力提升，帮助群众转变生产生活方式，服务县域经济社会可持续发展，特别是对于增强县级党委、政府的科普意识，促进基层科普工作大幅度提升有着重要作用。县级融媒体中心围绕当地党委、政府的中心工作，实施全媒体联动助力"全国科普示范县"创建，并以创建"全国科普示范县"为契机，将科普工作融入宣传县域经济社会发展的各项中心工作。

（二）在县级融媒体环境下的科技传播，县级科协不可或缺

县级融媒体中心开展科技传播，一方面是县级融媒体中心服务功能的拓展，更多的是在科技传播中履行媒体的责任，对要传播什么与如何传播其实并不完全在其工作范围内；另一方面是县级科协科普工作的有效体现，凸显科协团体的优势和特色。在县级融媒体环境下的科技传播是县级融媒体中心和县级科协双方共同作用的结果，县级科协要主动利用融媒体中心作为传播工具，借助新的传播渠道将原有科普工作进行宣传和拓展，在此过程中县级科协的作用不可忽视。

（三）县级融媒体中心开展科技传播，要以区域特色为根本

各地区因经济、社会发展的差距，在经费投入、工作条件、科普资源、融媒体自身建设能力等方面存在较大差异。针对

科普工作基础不平衡的问题，各地县级融媒体中心因地制宜、精准施策，根据本地区特色，制定融媒体传播策略和符合区域特点的传播形式与内容才是形成聚力、融合发展、服务社会的要务。

打好科技传播组合拳，为乡村振兴插上科技翅膀

【案例来源】云南省大理州宾川县融媒体中心

一、基本情况

宾川县位于云南省西北部、大理州东部，地处金沙江南岸干热河谷地带，全县国土总面积 2,563 平方千米，辖 8 个镇、2 个乡、90 个村（居）委会，截至 2020 年末全县总人口 34.1 万人。宾川是以汉族为主的多民族聚居县，境内居住着 24 个民族。

2018 年 12 月，宾川县融媒体中心挂牌成立。中心坚持移动优先原则，重点建设宾川客户端和微信公众号，做强新型主流媒体，深化中央厨房建设。2020 年 12 月，"看宾川"App 和"七彩云端"App 上线运行。2021 年 5 月，宾川县融媒体中心获云南省互联网新闻信息服务单位许可证，宾川县融媒体中心网站、"看宾川"App、"V 看宾川"新浪微博账号、"今日宾川"腾讯微信公众账号获批为许可服务形式。

二、入选理由

云南省宾川县融媒体中心以打造"智慧融媒"为抓手，创新工作理念，优化资源配置，建设全媒体矩阵，积极探索融媒体时代科技传播的新渠道新形式，打好科技传播的组合拳。与县科协合作开通《宾川科普》栏目，定期播放和刊登优质科普知识，以全媒体多元化的方式打造公众科普平台；积极参加省级科普示范县创建工作，与县科协联手邀请专家创作了大量农业科普视频，多平台、大范围、高频率传播农业技术知识，服务群众需求，助力乡村振兴，赢得群众的广泛好评；下沉科技传播渠道，《宾川科普》走进社区、村民小组微信群，推进科普进村入户；宣传报道科协科普活动，引导公众相信科学、反对邪教和迷信，有效推动全市公民科学素质水平整体提升。

三、特色工作

（一）开通《宾川科普》专栏，新媒体成为科普宣传主战场

1. 多平台、大范围、高频率传播科技知识

2021 年以来，县融媒体中心与县科协以第三轮创建"省级科普示范县"为契机，开通《宾川科普》专栏，充分发挥新媒体传播速度快、覆盖范围广、群众喜闻乐见的优势，创

造性地开展科技知识传播，通过"今日宾川"微信公众号、视频号和"看宾川"抖音号等新媒体平台，传播农业科技知识和应急科普知识，做好宾川县以葡萄、柑橘、石榴等高原特色产业的科技知识宣传普及工作，有效提升了农民群众学科技、用科技、依靠科技，抓生产、提品质、稳增收的能力和水平，赢得了群众的广泛好评。

县融媒体中心与县科协携手打破传统科普工作方式的局限，多平台、大范围、高频率传播农业科技知识，将农业科技知识和科普信息送到老百姓手中，满足群众对农业科技知识的迫切需求，是县融媒体中心与县科协在新形势下推进全域科普工作做出的积极尝试和探索。这些新媒体平台极大地推动了"科普中国"等科普宣传信息的落实落地，成为全域科普工作的坚实阵地。

2. 制作科普视频，助力乡村振兴

媒体融合效果取决于内容生产。为更好地满足广大农民群众对农业科技知识的迫切需求，有效提升农民群众学科技、用科技、依靠科技抓生产、提品质、稳增收的能力和水平，县融媒体中心联合县科协、县农业农村局，组织全县葡萄、柑橘等领域实践经验丰富、理论功底深厚、得到群众公认的科技专家，以葡萄、柑橘等作物生长周期为顺序，以农作物各个种植管理技术节点为主要内容，深入田间地头，制作以葡萄、柑橘等种植实用技术为重点的农业科技知识科普视频，打造科普"爆款"，帮助群众解决种植难题，指导全县葡萄、柑橘等产业的种植管理。

录制完成的科普视频依托微信、抖音、"看宾川"App、电视等载体推出。先后发布推出了《阳光玫瑰叶片枯黄原因解析》《葡萄大棚如何防范风灾及风灾后如何补救》《妮娜皇后小苗如何修剪？》《在葡萄田里倒挂微喷有什么作用》《葡萄叶黄花退注意事项》《葡萄作物何时补充钙镁肥》等葡萄种植知识点。据统计，各个新媒体平台共发布农业科普视频122个，其中由县科协牵头录制编辑的葡萄种植管理技术视频109个，柑橘种植管理技术视频3个，转载其他科普视频10个，其他科普信息285条。截至目前，"宾川科普"微信公众号、抖音号等平台的关注人数达到1.4万人，点击量达到120万次以上。

3. "宾川科普"走进社区、村民小组微信群，让科普进村入户

在"宾川科普"微信公众号等新媒体平台发布各类葡萄柑橘种植管理科普视频的同时，县融媒体中心、县科协还针对部分农民朋友关注新媒体平台少的实际，将"宾川科普"微信号加入社区、村（居）委会、村民小组微信群，把农技知识发送到各村民小组微信群中，直接将科普知识送到群众手上。目前，已添加350多个村民小组微信群，每次发送科普信息可惠及5万多群众，彻底打通了科普服务"最后一千米"，实现了科普进村入户，极大地提高了科普宣传的针对性和覆盖面，让新媒体科普方式的优势得到充分发挥。

（二）报道反邪教宣讲活动，教育引导傈僳族依靠科技致富

县融媒体中心积极参加反邪教宣讲活动，并对活动进行采访报道。县科协主席、县反邪教协会会长、县傈僳族学会会长谷国锋以"中华民族一家亲、同心共筑中国梦"为主题，就党史学习教育、民族宗教政策以及"什么是邪教及邪教的危害、如何识别防范邪教"等知识，用傈僳族语言和当地方言进行了深入细致的讲解。宣讲内容充实、通俗易懂、语言接地气，教育引导傈僳族同胞进一步树立"自强、诚信、感恩"意识，摒弃"等靠要"的落后思想，树立汉族离不开少数民族、少数民族离不开汉族、少数民族之间相互离不开的"三个离不开"观念，发挥傈僳族敢上刀山敢下火海的精神，自立自强，用自己勤劳的双手，改变落后的生产生活面貌，激发"发家致富"的内在动力，跟上民族大家庭发展步伐，与其他55个兄弟民族同步实现小康。

（三）对"学党史、感党恩、普科技、促发展"活动进行及时报道

县融媒体中心加强与县科协的联系，密切关注科协科普工作动态并及时予以宣传报道。2021年4月15日，为深化党史学习教育，宾川县科协、县农技协联合会依托科普大篷车，在宾川县冬梅水果协会科普示范基地开展"学党史、感党恩、普科技、促发展"迎接建党100周年活动。活动讲述100年

来党团结带领人民走过的光辉历程、取得的辉煌成就，全国劳动模范、宾川县冬梅水果协会会长、宾川冬梅蔬菜水果专业合作社理事长张冬梅分享了自己的创业经历和科普示范基地建设情况；县农技协联合会副会长徐南丰就宾川柑橘发展情况、存在的主要问题为与会人员做了讲述；农业推广研究员何建群针对近期晚熟柑橘容易发生的病虫害开展了科技培训，发放科普图书 300 余册。县融媒体中心组织记者参加活动并予以及时报道。

四、模式总结

根据传播主体的差异，云南省大理州宾川县融媒体中心属于县级科协主导模式。宾川县融媒体中心的工作主要由县级科协驱动。云南省提出了《关于创建 2021—2025 年云南省科普示范县（市、区）工作计划》，云南省大理州宾川县科协以第三轮创建"省级科普示范县"为契机，开展了大量的科普工作。

第一，从传播主体方面看，县级科协主导的科技传播的主体是县级科协或科普工作的相关机构，县级融媒体中心在其中处于配合地位，发挥的只有传播渠道的功能，作用影响相对较弱。第二，从驱动因素上看，在县级科协主导模式下，驱动县级融媒体中心科技传播的因素是科普政策的导向，例如部分县级融媒体中心为响应创建科普示范县的政策导向而展开科技传播。第三，从传播范围上看，在县级科协主导模式下，科技传播内容涉及科协的各项工作、涉及县域科学科技普及的内容，传播内容覆盖面相对宽泛，科技传播工作体现在基层的点滴之间。第四，从传播形式上看，在县级科协主导模式下，县级融媒体中心科技传播的表现形式除专栏与专题外，最为重要的是政策资讯。与此同时，一些科普工作的开展、领导视察等相关消息亦会体现在相应的县级融媒体中心之中。

该运行机制的核心是基层科协非常活跃且开展了大量的科普工作，在科普工作开展的过程中完成传播工作。科协工作的相关消息、创作的科普资源需要宣传与报道，此时县级融媒体中心则发挥了渠道的作用，把这些活动、内容传播出去。科普示范县的创建，基层科普行动计划的政策推进，一方面使得县科协科普工作的积极性增加；另一方面这些政策使得科普工作纳入了县域的中心工作，得到领导的认可。县级融媒体中心服务中心工作的使命，作为传播渠道积极配合县级融媒体中心把科协、科技、科普的内容大量传播，共同服务于区域公众（见图3-4）。

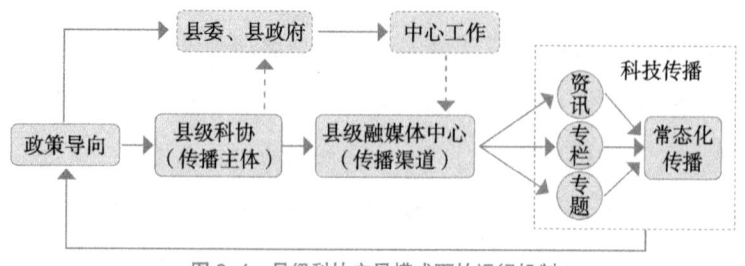

图3-4 县级科协主导模式下的运行机制

五、启示与借鉴

（一）相关政策与机制是促进科普工作有效开展的推手

政策与机制是对国家系统性纲领文件的分解与具体化。县级融媒体中心要从顶层进行设计，将科普工作有效融入县域工作中来，在规范县域科普工作相关行为中起到引导作用，更多地强调从指导层面来增强具体工作的可操作性，从而使全民科学素质提升能够在县域范围内得以有效承接和落实。

为促进县域经济发展、社会进步，推动"科教兴县"战略的实施，中国科学技术协会在全国开展科普示范县创建活动。在宏观政策的推进下，2021年，云南省提出了《关于创建2021—2025年云南省科普示范县（市、区）工作计划》，宾川县融媒体中心和县科协以第三轮创建"省级科普示范县"为契机，开展了大量的科普宣传工作。

（二）科普工作的开展应具明显的区域特征

科协工作将科普宣传与"学党史、感党恩、普科技、促发展"紧紧融为一体。同时对少数民族地区加大反邪教宣传与普及力度，将科普工作与党建、反邪教、科普工作有机融合。始终坚持"四服务一加强"，为建设创新型国家贡献力量。坚持为经济社会发展服务、为提高全民科学素质服务、为科技工作者服务。加强学术交流，鼓励创新思维，培养创新人才。在服务经济社会发展过程中，宾川县科协在科普工作推进中以信息化为依托,开展以葡萄、柑橘、石榴等高原特色产业的科技知识宣传普及工作,全域发力助力乡村振兴,有效提升农民群众学科技、用科技、依靠科技抓生产、提品质、稳增收的能力和水平。

(三)科普工作的大量开展推动县级融媒体的科技传播

县级融媒体中心要致力于讲好本地故事。科普工作的有效推进,正是以党建为抓手,以助力县域经济发展、促进公众素质提升为基础。科普工作的大量开展为县级融媒体中心提供大量鲜活的事例,而县级融媒体中心为科技传播提供了更好的渠道。

聚焦疫情防控，做好"融媒+科技"大文章

【案例来源】江苏省邳州市融媒体中心

一、基本情况

邳州市位于江苏省最北部，是江苏省第二人口大县。1992年8月，撤县设市，归徐州市代管。面积2,088平方千米，人口195万人，辖21个镇、4个街道、2个省级经济开发区、1个省级风景名胜区、497个村（居）。邳州位居全国综合实力百强县第36位、全国科技创新百强县第33位，全国工业百强县第29位、三次上榜中国最具幸福感城市。

2016年，邳州广电着手全媒体融合平台建设，顺利完成了"邳州新闻网"以及"银杏甲天下"App一网一端的上线运营，迈出媒体融合探索的重要一步。2018年10月26日，邳州市融媒体中心正式成立。2017年、2018年"银杏甲天下"App连续两年摘得中国广电App榜"县域广电App十强"冠军，并荣获中国融媒创新发展优秀App。邳州市融媒体中心荣获2018年度中国县域融合媒体榜"最佳融媒中心奖"，

2020年度全国广播电视媒体融合先导单位，2021全国县级融媒体中心能力典型案例。"银杏甲天下"微信公众号持续位列全国县级广电微信百强榜。

二、入选理由

江苏邳州市融媒体中心以移动优先，做强"智慧大脑"，构建了"两台一报一网、两微一端多平台"八位一体传播矩阵，实现"321百万级"用户覆盖。"3"指广播电台300万级、"2"指电视信号200万级、"1"指移动端100万级。融媒体传播力持续增强，为有效开展科技传播奠定了坚实基础。坚持做好"融媒+"大文章，积极服务全市中心工作。围绕全市疫情防控，市融媒体中心启动应急宣传机制，统筹传播矩阵、开设科普专栏、创作科普专题，建立了App滚动播报、公众号错时推送、微博择优发布、头条号同步编发、抖音端有效补充的全渠道立体传播模式，整合聚力、精准推送。同时追求内容创新，打造了众多科技传播的"爆款"产品，增强了疫情防控知识传播的影响力和有效性，为有效引导公众科学防疫、减少恐慌提供了示范。

三、特色工作

（一）开展应急科普，助力疫情防控

1. 发挥传播矩阵优势，普及防控知识

围绕全市疫情防控，邳州市融媒体中心启动应急宣传机制，充分发挥新媒体传播矩阵优势，依托原有传播渠道的影响力，全媒体联动开展应急科技传播。建立"银杏甲天下"App全天候滚动播报、微信公众号错时推送、微博择优发布、头条号同步编发、抖音有效补充的立体传播模式。积极开展疫情防控科学知识的宣传普及，传播医学常识和疫情正确应对方式、方法。推送内容涵盖国家决策部署、疫情权威发布、专家解读、疫情防控信息和防疫知识解答等多方面内容，守护舆论阵地，打造防疫网络矩阵，及时报道战"疫"新闻，引导公众科学应对疫情。"银杏融媒"累计推送阅读量10万多人次的文章5篇，全平台日均阅读量达35万人次，同比增长近3倍。

2. 开设专栏专题，聚焦疫情防控

聚焦疫情防控，邳州市融媒体中心先后在"银杏融媒"开设《疫情防控·在行动》《疫情通报》《人民战"疫"》《党旗飘扬》《众志成城抗疫情·志愿者在行动》《一把手在行动》等专栏专题，聚焦全市疫情防控动态、及时发布应急通告、报道防控一线典型事迹、宣传相关科普常识。播放疫情防控宣传科普短片，每天推送报道近30条，营造全民战"疫"、科学防

控的浓厚氛围。银杏短视频工作室拍摄制作了主播科普小视频、疫情防控一线 Vlog 等各类小视频 50 多个，在抖音平台观看量累计达 2,620 万人次。

3. 创作专题视频，激发抗疫热情

结合疫情防控，邳州市融媒体中心强化新型融媒产品创作，组织创作了一批疫情防控主题短视频，有效激发了全民抗疫热情。其中，2020 年 2 月 2 日"银杏融媒"策划推出的航拍短视频《一样的邳州，不一样的空城》，全网观看 100 多万人次，仅微信公众号的阅读量 24 小时就突破 10 万多人次。作品通过"空城"这一主题，激发全民参与、全民战"疫"的热情。《此刻，共同战斗，静候春来！》等抗击疫情系列评论，则通过微信图文创新设计和煽情语言，引发网友共鸣，为战斗在抗疫一线的工作人员加油鼓劲，引导公众树立战胜疫情的信心和决心。

（二）创新管理运作模式，不断激发融媒新活力

1. 融媒体系建设思路规划清晰

邳州市融媒体中心在成立之初，就注重系统谋划，提出了完整的媒体融合解决方案，即以搭建一体化融媒体平台体系为目标，吸收整合区域内各类媒体资源。在综合业务基础平台端，目标定位功能强大、可扩展、开放并有效管控；在移动设备客户端，目标定位可持续发展、模块增量。打造丰富的应用产品集群，并拓展成综合服务中心。通过搭建渠道、

开设栏目、打造精品，建立一个完善的融媒体平台传播体系，并提出"一棵树"理念，以银杏作为融媒标识，打造"银杏融媒"品牌，以此彰显邳州银杏之乡特色。

2. 四步提升品牌影响力

邳州市融媒体中心通过4个步骤系统提升融媒体传播能力和播品牌影响力。

第一，创新体制机制。邳州市融媒体中心成立了传媒集团，重新设计组织架构。改变原来事业单位的运行逻辑，引入现代企业管理制度，探索事业单位与企业运行相结合的管理模式。创新管理体制、探索人才培养与激励模式，改革收入分配制度，为融媒体的发展提供有效支撑。

第二，坚持渠道融合。组织架构的改变，使"策、采、编、发"流程全新打造成为可能。积极探索"中央厨房"运行机制，组建融媒体指挥调度中心。以中心为节点，在区域内部横向扩展，对内打通各类媒体形态，集中管理，实现渠道融通、资源共享。对外汇各类信息和数据，实现平台融合，数据共融，以融媒体中心为节点不断延伸。对接江苏广电"荔枝云"，在新闻资源、媒体融合、技术研发、产品孵化、智慧城市等方面的多元化合作。对接"学习强国"，根据地方特色，开设《今日聚焦》《邳州印象》《银杏视频》等多个栏目，全方位展现邳州各方面的工作资讯和优质资源。

第三，坚持精品创作。邳州市融媒体中心全面加强策划工作，精准定位受众，以创新为引领，以创意抢先机，在"准、新、微、快"上下功夫，对每一件媒体产品进行精雕细刻，制作出有深度、有广度、有温度的新闻精品，让作品契合社会热点、贴近公众需求。如"银杏甲天下"App 就是通过策划打造的扩大社会影响力、服务民生的品牌平台，向公众推送精品新闻内容和服务。中心还通过组建融媒实验室，瞄准前沿技术，研发移动产品，孵化精品爆款，力求实现产品的最大价值和观众的认可。

第四，加大服务与应用。邳州市融媒体中心积极整合政务资源和社会资源，增强公共服务功能，认真践行"听群众说、向群众讲、带群众干、让群众享"的工作实践，对接智慧城市，不断拓展民生服务，努力把"银杏融媒"建成主流舆论阵地和综合服务平台。"银杏甲天下"App 服务功能不断升级和优化，出行、生活、办事、问政等各项服务功能一应俱全。中心实施"融媒+政务+服务+产业"战略，构建统一的经营服务体系，以"项目制"为抓手，做广做深"融媒+产业"，服务范围在不同领域深耕与拓展，形成自我"造血"和"输血"的良性循环，为"银杏融媒"发展提供了坚实的保障。

四、模式总结

针对江苏省邳州市融媒体中心疫情防控采用的传播方式方法，为在应急事件主导模式下开展科技传播提供了示范。第一，从传播主体方面看，在应急事件主导模式下，县级融媒体中心具有传播主体和传播渠道的双重特性，意味着在这两种模式下，县级融媒体中心不仅作为传播主体处于主动位置，而且基于自身属性提供传播渠道便利。第二，从驱动因素上看，在应急事件主导模式下，驱动县级融媒体中心开展科技传播的因素是突发事件，县级融媒体中心应掌握突发事件的传播规律。第三，从传播范围上看，在应急事件主导模式下，县级融媒体中心的传播内容最为聚焦，只针对单一事件，并按照事件发展规律把握传播时点，对公众疑问进行回应。第四，从传播形式上看，在应急事件主导模式下，县级融媒体中心进行科技传播的表现形式主要侧重依托信息和专栏的形式，使内容更为聚焦。

应急事件主导模式下的运行机制认为突发事件下的科技传播是政府、媒体的共同责任，此时县级融媒体中心要发挥引导力作用。然而，县级融媒体中心在面对应急突发事件时存在着一定的制约，一是时间紧，二是任务重，三是注重效果。所以，"如何做、怎么做"也是县级融媒体中心本身需要思考和解决的问题。对于有一定品牌影响力和创作能力的县级融媒体中心，在掌握突发事件下明确科技传播的规律、明确不同节点传播内容后，不需要发布大量信息，而是要做到"精"和"广"，对突发事件本身进行传播，清晰有效地完成公众引导工作（见图3-5）。

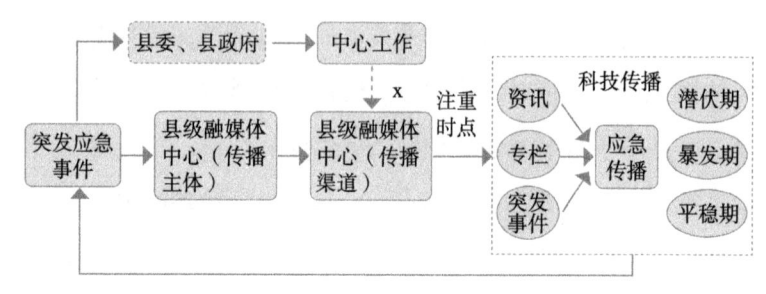

图 3-5 应急主导模式下的运行机制

五、启示与借鉴

（一）融媒体自身能力的提升是开展科技传播的基础

中共中央《关于加强和改进党的新闻舆论工作的意见》（2018年2月——编者注）明确指出，县域媒体要强化服务功能，整合资源，充分利用互联网，重点发展新媒体，建设综合信息服务平台。县级融媒体中心在影响力与传播力提升的基础上，实现新闻的多元生成和多元推送。扩大公共服务范围，将应急传播、科技服务、科普服务等融入其中发挥融媒体中心的服务功能。以平台为依托吸引公众关注，深化为民服务，实现对公众科学意识的引领，提升对基层舆论的引导能力，促进公众科学素质的提升。

（二）疫情防控下的科技传播是检验融媒体传播能力的有效途径

疫情防控是对公共卫生系统应急能力的考验，也是社会治理能力的综合考验。疫情防控期间舆论宣传，在助力基层社会治理方面的责任更为突出。面对疫情的考验，融媒体中心应快速响应，精准策划，全媒体出击，全媒体参战，守护基层舆论阵地，及时报道县域城乡战"疫"新闻，发布疫情防控信息，促进城乡社会稳定。将应急宣传与疫情防控知识联动融合传播，探索出一条与自身发展相契合的可行路径，诠释了党媒担当，展示了媒体融合改革的成果和传播能力。

（三）将应急宣传下的科技传播模式转变为常态化科普工作

县级融媒体中心在立足资源整合，提升引导能力；立足机制创新，促进融合发展；立足本地实际，打造平台特色方面均取得了显著成效，有力推动了媒体融合发展，壮大了主流声音。可将应急科普宣传能力与模式拓展转变为常态化科技传播模式，在促进自身融合发展的基础上进行有益尝试，让县级融媒体中心主动参与到基层社会治理的过程中，强化服务全民科学素质提升的责任与担当。

找规律定措施，科学精准传播疫情防控知识

【案例来源】黑龙江省齐齐哈尔市拜泉县融媒体中心

一、基本情况

拜泉县位于黑龙江省中西部、齐齐哈尔市东部，行政隶属齐齐哈尔市。辖区面积3,599平方千米，耕地面积366.4万亩，现辖7个镇、9个乡、186个村。总人口54.9万人，其中农村人口46.9万人。先后荣获全国产粮百强县、全国生态农业建设先进县等称号。

2019年，拜泉县整合县广播电视台和县政府网站等媒体资源，成立拜泉县融媒体中心。中心开通"拜泉融媒"微信公众号，入驻"极光新闻"，全力打造"印象拜泉"App，推进全媒体矩阵建设，构建起"新媒体首发、全媒体跟进、融媒体传播"的传播格局。中心先后投入资金400余万元完成基础设施改造、设备采购和硬件建设，并积极争取省广播电视传媒网络集团股份有限公司媒体融合资金和政策支持，接入省级技术平台，并重视全能人才培养，加强融媒体政策和

业务知识培训，提高队伍综合素质。

二、入选理由

拜泉县融媒体中心牢记职责使命，突出内容生产，用心打造"媒体＋政务＋服务"平台，创作能力与融合能力持续提升，为有效开展应急科普、进行科技传播提供了平台和支撑。疫情期间，县融媒体中心自觉担当，按照突发公共卫生事件的科技传播规律，在突发公共事件的潜伏期、暴发期、平稳期3个阶段，明确传播重点，有针对性地开展内容创作，成为全县抗疫工作的中坚力量。疫情初期，以宣传疫情防护知识为主；疫情中期，以剖析病毒传播原理为主；疫情后期，以增强抗疫必胜信心为主。特别是制作了小快板、线上文艺演出等多种形式的防疫小视频，在全媒体平台同步上线，进行立体式传播引导，增强了公众战胜疫情的信心，为县级融媒体中心在突发公共卫生事件下开展科技传播提供了有效示范。

三、特色工作

（一）勇于担当，打造基层疫情防控"最强音"

1. 疫情初期，宣传疫情防护知识

2020年初，新冠病毒疫情突袭而至，县融媒体中心随即转入战时状态。按照县委宣传部的有关安排，及时召开融媒体中心领导班子会议，部署调度抗击疫情新闻宣传"阻击战"。

2020年，为了让群众了解到全县上下团结一心抗击疫情的最新动态，及时报道各条战线在抗击疫情中涌现出的感人故事，县融媒体中心将宣传重心分为公告通知、媒体聚焦、防疫科普等几大板块，通过各大板块持续不间断地传播报道，让公众及时了解疫情的实时动态及防护科学知识。"中心"创作的快板作品《众志成城 抗击疫情》，以通俗易懂的方式，为人们展现了全国人民在面对疫情时的临危不惧与团结一致精神，深受公众喜爱。作品发布仅一天，抖音点赞量就达12.8万次，快手点击量14.8万次。

2. 疫情中期，剖析病毒传播原理

2021年，为了让疫情防控宣传更加深入人心、贴近百姓，县融媒体中心联合县"关工委"等录制了防疫小视频等抗疫作品，以生动通俗、群众喜闻乐见的形式，让公众及时了解病毒的传播原理，提醒大家科学防护。这些作品通过"拜泉融媒"微信公众号、"拜泉宣传"微信公众号、"印象拜泉"App、抖音、快手、微博、视频号等全媒体平台，在全县范围内广为推送传播，实现了疫情防控宣传全覆盖，增强了公众战胜疫情的信心，取得了良好的宣传效果。其中《誓将疫情一扫光》小快板视频被央广网广泛转载，1分钟点击量达到6.6万次，仅发布一天播放量达到400余万次；《村干部硬核喊话》小视频发布12小时，点击量达到35万次，点赞量达到9,475次，转载量达到3,247次。

3. 疫情后期，树立抗疫必胜信心

2022年5月1日，县融媒体中心联合县关工委等部门开展了"异地隔离不隔爱 冰城泉城一家亲"文艺演出活动，为让来自哈尔滨市的159名隔离人员感受到全县人民的关心关爱，安心、舒心、暖心地度过特殊时期。演出采取线上直播的方式，依托"拜泉融媒"视频号进行直播，为集中医学观察人员以及一线医护、工作人员送上了一台积极向上的精神大餐，丰富了隔离人员的精神文化生活，帮助他们树立了战胜疫情的必胜信心。整场演出线上点赞量达1.7万次。其中，鼓励隔离人员坚定信心的节目——小快板《冰城泉城一家亲》反响强烈，受到好评，点击量516.8万次，点赞量12.8万次，评论4.8万次。今日头条、中经联播、《香港商报》、央广网等媒体客户端进行了转载。

在严峻的防疫形势下，县融媒体中心根据突发公共卫生事件本身的科技传播规律，找准发力点和突破口，针对不同的传播节点选择不同的传播内容，有序推进一大批科普宣传、典型报道、监督报道等，在多形式、广覆盖的传播矩阵中进行全媒体立体式宣传，打通了防疫宣传引导工作"最后一千米"，发出基层疫情防控"最强音"。

（二）构建全媒体传播体系，打造"媒体＋政务＋服务"平台

县融媒体中心积极探索建立内容丰富、载体多样、覆盖广泛的现代媒体传播体系，实施"媒体＋政务＋服务"于一体的传播模式，在疫情防控中走出了一条具有拜泉特色的传统媒体与新兴媒体融合发展之路。

1. 聚焦顶层设计，建立政策体系

县委、县政府将县级融媒体中心建设纳入"一把手"工程。将县级融媒体中心建设写入《拜泉县国民经济和社会发展第十四个五年规划纲要》（以下简称《纲要》）中。《纲要》指出，要"坚持党管媒体原则，加强广播电视、官方网站等主流媒体传播手段的建设和创新。推动媒体深度融合，建立全媒体传播体系，实现县级融媒体中心高质量发展"。

将贯彻党的十九届六中全会精神融入具体工作中。在党的十九届六中全会精神市委宣讲团宣讲报告会中，拜泉县委书记荣军特别强调，"县融媒体中心要推出一批有分量的深度报道，全方位多层次学习宣传解读好全会精神"，表明了县领导对县融媒体中心工作的明确要求，要求县融媒体中心要增强舆论引导、宣传教育、政府服务等功能。

2. 聚焦新闻主业，抓好融合发展

科学制定融媒体中心建设实施方案。借鉴学习省内及省外先进地区县级融媒体中心建设经验，县融媒体中心开展了"内容—平台—终端"的新型新闻内容生产和传播体系建设，

构建起"新媒体首发、全媒体跟进、融媒体传播"的传播格局，建设全媒体矩阵，打造县级舆论宣传新阵地。按照"融为一体、合而为一"的工作原则，有效整合了广播电视台和县政府网站等媒体资源，开设"拜泉融媒"微信公众号，上线"印象拜泉"App。按照"统一办公、统一管理、统一运营"的模式，重构策、采、编、发流程，建设完成"全媒体指挥调度大厅"，实现新闻策划、采访调度、编辑审稿、签发播出等环节"一站式"办公，做到了统一调度指挥、统一策划主题、统一组织采访、统一编发稿件，正式构建起融媒体新闻生产的"中央厨房"。

3. 聚焦群众需求，提供精准服务

模块设置合理。县融媒体中心全力打造"印象拜泉"App，打通了服务群众的"最后一千米"，实现了"媒体＋政务＋服务"的多功能集合，努力打造"指尖上的政务中心"。县融媒体中心还全力推进App信息服务工作，发挥"媒体＋"功能，在App首页设置了拜泉县新闻、政务服务、便民服务、文化体育、生态旅游、精准扶贫、绿色食品等板块，为广大群众提供了多元化服务。

注重推广应用。县融媒体中心还专门组织了工作人员深入各乡镇、各部门单位进行专场培训，手把手教授村民居民下载安装使用"印象拜泉"App，提高了宣传的覆盖面和知晓率。

四、模式总结

针对传播主体的差异,黑龙江省齐齐哈尔市拜泉县融媒体中心的科技传播属于应急事件主导模式。第一,从传播主体上看,在应急事件主导模式下的县级融媒体中心具有传播主体和传播渠道的双重特性,意味着在这两种模式下,县级融媒体中心不仅作为传播主体处于主动位置,而且基于自身属性提供传播渠道便利。第二,从驱动因素上看,在应急事件主导模式下,驱动县级融媒体中心开展科技传播的因素是突发公共卫生事件,县级融媒体中心应掌握突发事件的传播规律,根据事件的潜伏期、暴发期、平稳期3个不同传播时点,明确生产内容,主动回应公众科技需求。第三,从传播范围上看,在应急事件主导模式下,县级融媒体中心的传播内容最为聚焦,只针对单一事件,按照事件发展规律把握传播时点,并对公众疑问进行回应。第四,从传播形式上看,在应急事件主导模式下,县融媒体中心进行科技传播的表现形式,主要侧重依托信息和专栏的形式,随着对科学问题的推进,在有科学论证的情况下及时向公众传播,让公众了解科学、减少恐慌。

应急事件主导模式下的运行机制认为突发事件下的科技传播是所有科学共同体、政府、媒体的共同责任。此时县融媒体中心要发挥引导力作用。然而,县融媒体中心在面对应急突发事件时也存在着一定的制约。所以,各级融媒体中心要在掌握突发事件下科技传播的规律，明确不同节点传播内容的情况下，针对不同节点内容进行有效传播，清晰有效地完成公众引导工作（见图3-6）。

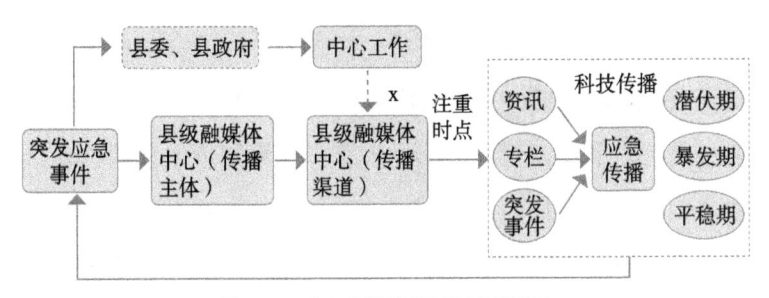

图 3-6　应急主导模式下的运行机制

五、启示与借鉴

拜泉县融媒体中心开展科技传播的做法，是70%以上的县级融媒体中心能够达到的要求，但是在以疫情为主题的传播过程中表现出明显的差别，在科技传播过程中要不断提高与完善科技传播源头的准确性、科技传播渠道的公正性以及科学知识接收的科学性。

（一）突发公共卫生事件在传播时要注意传播本身的演化

科技传播在突发公共卫生事件的潜伏期、暴发期、平稳期3个阶段，不同主体在不同阶段所处科技传播中位置不同，但总体来说科学信息是基础，媒体是渠道，公众的意见、责任、情感是助推器。突发公共卫生事件的阶段和科技传播方式的不同，使科技传播模式演化形成了差异性的构建情境。根据对事情的追踪可以看到，在发展过程中经历了公众探求、公众告知、公众被预告的过程，打破了现在的科技传播者—媒介—公众的传播模式和突发公共卫生事件的科技传播路径，是围绕公众的科学素养与科学诉求不断增加所采取的模式。在突发事件的不同阶段的不同情境，通过一系列围绕公众需求探索和挖掘的科技传播模式，实现了科学知识、科学内容、政策资源有效整合的目的。

（二）公众信任是科学传播过程中对突发公共卫生事件有效治理的核心

公众信任是遏制突发公共卫生事件恐慌蔓延的核心，也是有效治理的核心。公众能否根据科学指示活动，决定着突发公共卫生事件的严重等级，但公众根据科学指示进行活动取决于多方面。第一是对科技传播源头的信任。对于科技传播源头的信任主要在于政府能否科学地制定与实施政策，以及对突发公共卫生事件潜伏期的反应速度。第二是对于科技传播渠道的信任。在现阶段，由于网络的发展，信息传播渠道变得多样化，社会网络现在作为科技传播的重要渠道之一，与传统媒体之间的传播差距过大也会造成公众信任降低。县级融媒体中心正是利用信任的渠道，在引导舆论、减少恐慌方面起到关键性的作用。第三是公众的科学素养。公众对于所有信息的判断均根据个人的科学素养，在整个科技传播过程中，公众作为科技传播的最终接受者，能否对真正的科学进行判断、学习与传播，取决于个人的科学素养。也就是说，信任是科技传播演化过程中，对突发公共卫生事件有效治理的核心。因此，诚信机制的构建对于突发公共卫生事件中的科技传播十分重要，在科技传播过程中，要不断提高与完善科技传播源头的准确性、科技传播渠道的公正性以及公众的科学素质，以提高其理解的正确性。

勇担防震减灾使命，科技传播惠民生

【案例来源】四川省汉源县融媒体中心

一、基本情况

汉源县隶属于四川省雅安市，地处攀西阳光之旅门户地带，位于大渡河中游，雅安市西南部，与凉山、甘孜、乐山、眉山两州两市交界，历来为通往康藏的交通咽喉。全县辖区面积 2,382 平方千米，辖 21 个乡镇、123 个村（社区），总人口 33 万人，居住着汉、彝、藏、回等 25 个民族。汉源县是瀑布沟水电站移民主库区县、"5·12"汶川特大地震国定重灾县、"4·20"芦山强烈地震受灾县、享受少数民族地区待遇县、革命老区县，属库区、灾区、贫区、民区、老区"五区"叠加。

汉源县于 2018 年 8 月启动县融媒体中心建设，2019 年 3 月 27 日，汉源县融媒体中心揭牌成立。围绕"决策参谋、解决问题、舆情预警、宣传引导"4 个目标，将县电视台、广播电台、《新汉源报》进行机构重组，将县电视、广播电台、报纸、微信、微博、头条号等一众媒介渠道进行整合。使汉源县新闻宣传工作迈向了"融为一体、合而为一、融合发展"的全新阶段。

二、入选理由

面对地震等突发性灾难，汉源县融媒体中心表现出了高度的责任心和大局意识，能够以最快的速度第一时间发布地震科普信息，主动回应公众关切，转发权威解答，指导公众掌握科学避险自救的方法，稳定人心、遏止谣言，充分展现了一个县级融媒体的责任和能力。更值得肯定的是，汉源县融媒体中心还将应急科普宣传纳入民生栏目，健全完善应急科普工作机制，整合各类媒体资源，提升急科普专业化水平，采用平战结合的模式持续进行科普宣教，为全面提升社会公众防震减灾科学素养，实现对突发地震事件的主动防灾、科学避灾、有效减灾发挥了积极作用。

三、特色工作

（一）加大自身平台建设

为规范推进融媒体平台建设工作，2019年5月30日，汉源县召开县融媒体中心建设领导小组第一次会议，会议审议了《汉源县融媒体中心建设领导小组名单》《汉源县融媒体中心建设实施方案》，听取了县融媒体中心建设工作开展情况的汇报，安排部署下阶段工作。会议要求县级相关部门和各媒体单位加快推进媒体融合各项工作，积极学习先进地区融媒建设的创新做法和成功经验，加大平台建设力度，加快人员、信息、资金、资源等整合步伐，推动县融媒体中心如期建成并投入使用。提出要把握融媒体中心功能定位，充分发挥引导群众、服务群众的作用，紧扣全县发展中心工作，不断创新工作方式、丰富宣传报道载体，形成主流思想舆论的强大声势，为高质量建设"大美汉源、区域中心"凝聚全县强大合力和动力。

2019年12月19日，汉源县融媒体中心全面启动暨"大美汉源"App上线仪式举行，媒体融合发展进入全新阶段。汉源县融媒体中心深刻把握新与旧、统与分、正与活的关系，打好融合拓圈、矩阵联动、民生服务牌。加大传统媒体与新媒体的有效融合，建立两微一端和抖音宣传矩阵，努力激发"合力+活力"，打造"汉源县融媒体中心"和"大美汉源"App传播品牌，实现由"物理整合"向"化学反应"迈进。

（二）将应急科普列入民生专栏

防震减灾，科普先行。做好应急科普宣教工作，对于增强公众的安全意识、社会责任意识和自救、互救能力，最大限度地预防和减少突发自然灾害造成的损害，具有十分重要的意义。近年来四川雅安地区地震频发，较其他地区的应急管理工作更为严峻。大力开展应急科普宣传工作，确保应急管理各项工作落到实处，全方位提升社会应急处置能力。

汉源县融媒体中心秉承坚持应急科普宣传就是办好民生实事的理念，以服务民生建设为职责，将应急科普宣传列入民生专栏，并将应急科普文章作为重要信息在网站首页推荐信息栏推出。从宣传普及防震减灾知识入手，普及地震灾害应对措施、震时紧急避险方法和自救互救措施，提高公众防震减灾意识和应对地震灾害的能力，有效减少地震灾害带来的损失和危害。

（三）震后科普及时跟进

汉源县融媒体中心充分发挥科普宣传主阵地作用，利用融媒体平台做好正向引导。地震发生后，中心第一时间大量转发《人民日报》、科普中国等官方媒体发布的《地震发生时如何第一时间科学避震》《居家防疫期间如何做好地震安全准备》《地震逃生与应急自救技巧》等权威信息，及时宣传有关防震、抗震、救灾等方面的科普知识，让公众第一时间获得权威有效的地震科普知识，掌握避险、救助方法，做到不信谣、不传谣、不恐慌，科学引导广大群众防震抗震。

2022年5月20日8时36分，汉源县（北纬29.67度，东经102.48度）发生4.8级地震，震源深度20千米。地震发生后，县融媒体中心立即发布了《转存！遭遇地震有效逃生和自救指南（转自《人民日报》）》，同时还转发了权威部门发布的信息《四川省地震局：汉源4.8级地震为走滑型地震》，对地震的震级、深度、范围等做了科学的说明。

2022年6月1日，雅安发生地震。汉源县融媒体中心第一时间启动地震应急科普预案，搜集整理相关科普资源，制作应急科普专栏，开展应急科普宣传。6月2日，汉源县融媒体中心以新华网宣传图片为基础，编辑制作了《实用的防震减灾小知识，收藏！》，及时回应公众的恐慌情绪，助力政府部门提高公众对防震防灾的应对能力与心理疏导。

2022年6月10日1时28分，四川阿坝州马尔康市发生6.0级地震，震源深度13千米，成都市、绵阳市、雅安市、眉山市、乐山市等地震感明显。当天0时03分，马尔康市还发生了一次5.8级地震。此外，还有多次3级以上余震发生。汉源县融媒体中心当日立即转发了国家应急管理部发布的《地震发生后，震区人们应该注意什么？》《地震发生时如何第一时间科学避震》2个科普短片，以形象直观的视频方式，教育引导公众震后要注意防范余震和次生灾害的发生以及科学避震方法。

（四）应急科普常态化宣传

开设民生专栏。将地震的科普知识纳入民生专栏中持续推送。在全力组织新闻宣传报道的同时，发挥传播优势开展地震专题宣传，以新闻报道、专题节目、抖音、短视频等形式，普及地震、抗震、自救知识，宣传自救防控举措，教育引导公众强化自救意识、提升自我防护能力，不断增强公众的防范意识，在全域范围内营造积极群防群控的良好局面，为统筹推进应急防控和经济社会发展守好舆论阵地、营造良好氛围。

2022年5月12日全国防灾减灾日，县融媒体中心发布了《5·12汶川地震十四周年 | 全国防灾减灾日》《长图 |【共守美好家园】防灾减灾安全常识－地震篇》等以防灾减灾为主题的宣传活动信息，还发布了权威地震应急科普知识短视频等相关科普资料。通过不同形式的媒体宣传教育，进一步增强了干部群众的防震减灾意识和应对突发事件的能力。

四、模式总结

汉源县融媒体中心开展地震的防灾减灾科技传播的模式属于应急事件主导模式。第一，从传播主体方面看，在应急事件主导模式下，传播主体是县级融媒体中心，县级融媒体中心具有传播主体和传播渠道的双重特性，此时县级融媒体中心不仅作为传播主体处于主动位置，而且基于自身属性提供传播渠道便利。第二，从驱动因素上看，在该模式中，驱动县级融媒体中心主动开展科技传播的因素是突发事件（自然灾害），并能够较好掌握突发事件的传播规律。第三，从传播范围上看，在该模式中，县级融媒体中心的传播内容最为聚焦，只针对单一事件按照事件发展规律把握传播时点，并对公众疑问进行回应。第四，从传播形式上看，在该模式中，县级融媒体中心进行科技传播的表现形式主要侧重依托信息和专栏的形式，具有反应速度快、内容量大的特点。

应急事件主导模式下的运行机制认为突发事件（自然灾害）下的科技传播是所有媒体、政府与科协的共同责任。此时县级融媒体中心要发挥对公众的引导力作用。然而，县级融媒体中心在面对应急突发事件（自然灾害）时也存在着制约因素，一是能力有限，二是时间紧，三是注重效果不足，所以"做什么、怎么做"这些也是县级融媒体中心本身要思考的问题。县融媒体中心在掌握突发事件的科技传播规律、明确不同节点传播内容的基础上，通过资讯、专栏、突发事件本身播报等，清晰有效地完成公众引导工作（见图3-7）。

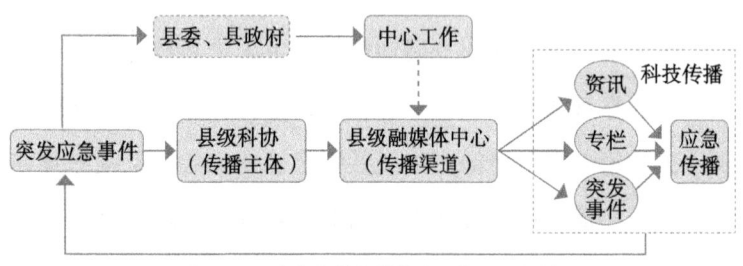

图 3-7 应急事件主导模式下的运行机制

五、启示与借鉴

（一）开展常态化应急科普宣传

县级融媒体中心要依托新媒体优势，加大防震减灾和安全宣传教育力度，开设应急宣传教育固定栏目，多形式、多层次进行防震减灾和安全生产知识的持续推送，还要通过增加宣传版面、时段和频次，扩大科普传播范围，面向广大公众持续开展防震减灾和安全生产科普知识的宣传。重点围绕公众的安全防护、技能提升进行安全防灾教育，把县级融媒体中心建设成为应急科普主阵地。要结合重要时间节点开展防震减灾专题宣传，形成规模效应。要适时组织各类应急防控管理部门座谈交流、总结经验、沟通思想，确保遇事统一发声、应急传播体系畅通。

（二）组织开展应急科普宣教主题活动

县级融媒体中心应紧密联系工作实际，根据时段特征、地域特色、行业特点，建设完善融媒体宣传教育平台，拓宽宣传教育渠道，打造防震减灾和安全宣传教育精品，有针对性地开展安全防震减灾宣传教育活动。要将日常宣传与重大、特大突发公共事件发生后的科普宣教工作结合起来，结合"4·2"国际地震日、"5·12"防灾减灾日、"安全生产月"和"安全宣传咨询日""11·9"消防宣传日等纪念日和主题宣传月，发布、推送有关防震减灾和安全生产生活知识，上传有关视频内容，从不同角度和侧面普及防震减灾知识，教育指导公众学习科学应对地震的知识、掌握自救互救方法。

（三）提升应急科普快速反应能力

县级融媒体中心要组建涵盖全媒体的专门宣传队伍，培养懂"业务+宣传、科技+科普"的宣传队伍，做到灾害发生后快速反应，第一时间策划推出应急科普宣传产品，利用突发公共事件发生后，社会各界广泛关注的有利时机，第一时间快速反应，了解相关情况，及时跟踪需求，积极抢占舆论主阵地，利用网络、电视、报刊等各类媒体，积极开展应急科普宣传。通过持续推送防灾减灾、安全生产科普视频、登载科普文章等形式，广泛宣传抗震减灾知识，结合救援和调查等工作的开展，及时、动态地进行科普宣教，扩大宣传效果，最大限度地满足灾区群众的科普需求。聚焦防灾热点解疑释惑，对应急科普方面的科学谣言及时进行拨正辟谣及时回复，积极回应社会公众关切。

借力援疆资源，科技传播服务百姓入民心

【案例来源】新疆维吾尔自治区昌吉回族自治州呼图壁县融媒体中心

一、基本情况

"呼图壁"一词源于蒙语，寓意为吉祥如意的地方。呼图壁县隶属于昌吉回族自治州，距乌鲁木齐68千米。全县总面积9,721平方千米，总人口23万人，其中县属人口14万人，辖6个镇、1个乡、24家驻县单位。呼图壁县先后荣获全国文明县城、全国卫生县城、全国科技进步县、国家园林县城、自治区生态县等一批荣誉称号，是国家现代农业示范区改革与建设试点县。

呼图壁县于2018年底开始启动融媒体中心建设，坚持边建设边运行。2019年6月21日，呼图壁县融媒体中心正式挂牌成立。中心实施"新闻+政务+服务"运营模式，整合县广播电视台、"呼图壁零距离"微信公众号，以及县域内户外大屏、农村大喇叭、应急广播等媒体设施资源，同时在全疆率先打造运营"呼图壁好地方"客户端，开通微博、抖音、

今日头条账号，依托自治区"石榴云"平台，建成以客户端为核心的全媒体矩阵。呼图壁县加大资金支持，投入 580 万元用于新建 1,000 平方米广播电视发射机房、对发射塔进行维护加固等，并争取福建龙岩援疆 300 万元资金用于融媒体平台建设，为实现媒体高标准融合发展提供了设施保障和资金保障。

二、入选理由

呼图壁县融媒体中心虽地处西北地区，但把县融媒体中心建设成为"新闻＋政务＋服务"的重要平台，打破信息和数据壁垒，打造"指尖上的服务中心"，助力乡村振兴、打造科普栏目、借助援疆干部资源是呼图壁县融媒体中心建设过程中的有益实践和成功探索。县融媒体中心以主流、权威、亲民为宗旨，突出服务引领，强化服务功能。依托自治区"石榴云"平台，加大投入、夯实基础，中心软硬件建设走在全自治区前列，产品创作能力和科技传播能力显著提升。充分发挥援疆干部的优势资源，全媒体多渠道发力，促进科技传播与推广，打造"指尖上的服务中心"，用服务"黏"住用户，为促进县域经济发展提供了示范。

三、特色工作

(一)自我驱动,助力乡村振兴

呼图壁县融媒体中心以主流、权威、亲民为宗旨,突出服务引领,强化服务功能,实施"新闻+政务+服务"运营模式,着力建强综合服务平台,竭诚服务社会民生,助力乡村振兴。聚焦民族团结、乡村振兴、经济高质量发展等中心工作,创作精品"爆款"。2020年以来,800多篇有关农业农村变化和农民幸福生活的稿件被州级以上传统媒体采用,《麦浪滚滚颗粒归仓》等5篇反映呼图壁县"三农"工作的稿件被《人民日报》头版刊载,实现了"零"的突破。

为了精准服务大众,呼图壁县融媒体中心在5个村建立乡村融媒体服务小站示范点,打通引导群众、服务群众的渠道。同时紧贴群众需求,把公众需要什么与媒体生产什么紧密结合,先后开展了"天山花海等你来""点亮微心愿""宅家总动员短视频大赛""科普生活视频大赛""呼图壁的西瓜熟了"等多项特色主题宣传服务活动。据统计,中心成立以来,共制作推送1万多条接地气、高品质的融媒体产品,单条播放量最高达1,100万次。为了更好地提升呼图壁农产品及特色产品的销售量和知名度,中心通过各平台端口,不定期推送惠农政策、产品推介等信息,并举办线上直播助农活动,组织开展了"富硒农产品带回家""柴火馕好味道"等直播助农专场,邀请县长及旅游达人、网络大V、网红走进直播间，宣传推介"园户村冬瓜""五工台韭菜""石梯子洋葱"等农特产品。仅 2020 年以来，就开展线上营销和美食、旅游直播专场活动 20 多场，吸引 40 多万人次参与线上线下活动，帮助农牧民销售农副产品 2,000 多吨，有效拓宽了农牧民的增收致富渠道。

（二）基层科协发力，开设《科普大篷车》电视专栏

呼图壁县融媒体中心联合呼图壁县县科协开设《科普大篷车》电视专栏，就疫情防控、农业科技知识进行宣传，将"科普中国"优质资源定向、精准地推送给群众。通过全媒体平台，有效推动线上科普宣传，实现了"科普中国"优质资源落地应用覆盖的目标。截至 2021 年 4 月，共播出《科普大篷车》节目 16 期，推送文稿 92 条，抖音、头条、微博共发布科普科技相关内容 228 次，促进了科普信息化与传统科普的深度融合。

呼图壁县融媒体中心将科普宣传融入规范化建设及提档升级建设中，切实把中心建设成为科普宣传的主流舆论阵地、科普综合服务平台和信息枢纽。通过"外宣＋科普""内宣＋科普""宣传＋疫情""建设＋科普"等举措，全力推进科普宣传工作，当好全民科普宣传员，助推"科普中国"落地建设与精准传播。

（三）援疆资源发力，打造《健康呼图壁》电视专栏

在福建援疆龙岩分指挥部资金、项目、人才、智力等全

方位帮扶支持下，呼图壁县融媒体中心建设稳步推进。2018年3月，龙岩电视台对呼图壁县电视台进行实地考察，双方经过沟通协商，初步达成协作意向，即由龙岩电视台选派技术骨干到呼图壁挂职，全力帮助指导呼图壁县开展融媒体中心建设。

借助援疆医生的优势资源，打造了健康科普知识栏目《健康呼图壁》，已于2019年4月12日正式开拍。《健康呼图壁》栏目每期10分钟，以关爱民生为出发点，整合援疆资源，建设一个带不走的健康知识平台。在呼图壁广播电视台、网站以及融媒体中心同步播出和发布。栏目采取"专题+访谈"的形式进行拍摄制作，围绕当地群众各个季节易发疾病预防、治疗及比较突出的健康问题，由电视台对以援疆医生为主的医务人员进行访谈，开展健康知识宣传普及。同时把内地先进的医疗理念和技术传播到呼图壁，为当地百姓服务，使智力援疆发挥更大的作用。同时根据乡镇、社区要求，将《健康呼图壁》制作成光盘供乡镇和社区文化活动中心播放、学习。

（四）发挥自身主动性，做好疫情防控

自疫情发生以来，呼图壁县融媒体中心充分发挥好媒体融合优势，通过广播、电视、呼图壁零距离、政府网、网信呼图壁等全媒体平台，开设专题专栏，采取新闻播报、短视频、滚动字幕、抖音等方式开展网上战疫情活动。中心制作的新疆方言版硬核大喇叭响遍呼图壁县的每一个角落，成为呼图壁县开展新冠病毒疫情防控宣传工作的一个生动缩影。据统计，中心持续推出短视频、H5、海报、宣传长图等抗击疫情新媒体产品 588 个，其中硬核大喇叭《疫情防控，我们在行动！》点击量达 528.2 万次，累计阅读量 4,000 余万次。创作了《曙光就在眼前》MV 等一批文艺作品，引导群众积极乐观战胜疫情。特别是 2020 年 2 月创作的系列短视频《疫情防控，我们在行动！》，在抖音上的阅读量超过 6,000 万次。

四、模式分析

新疆昌吉回族自治州呼图壁县融媒体中心开展的科技传播做法，属于联合主导模式。第一，从传播主体方面看，在联合主导模式下，科技传播的主体是县级科协、有科普工作愿望与能力的机构，依托其专业知识展开展科技传播，县级融媒体中心在其中处于配合地位，发挥的是传播渠道的功能，提供的是技术支撑。第二，从驱动因素上看，在联合主导模式下，驱动县级融媒体中心科技传播的因素相对零散与随机，但驱动科技传播的核心关键是对各级、各部门科普工作的结合，保证多元科普主体参与到科普工作之中，继而实现促进科技传播的目的。第三，从传播范围上看，在联合主导模式下，其科技传播内容较以科协主导模式变得更加具体，主要围绕中心工作或科技人员的专业知识有序开展，有明显的导向性与专业性。第四，从传播形式上看，在联合主导模式下，县级融媒体中心科技传播的表现形式主要体现在设置科普专栏和创作科普专题。

联合主导模式下的运行机制强调偶发性的传播驱动,如偶发性事件可能促进县级融媒体中心开展科技传播。偶发性的科技传播只有在相同的情境下可以应用。这个模式的核心在于鼓励更多的部门与机构参与到多元主体的科技传播过程中来。因此,当不同的主体具有科技传播的意愿时应积极鼓励,县级融媒体中心通过资讯、专栏、专题,按照常态化的传播规律有效开展科技传播(见图3-8)。

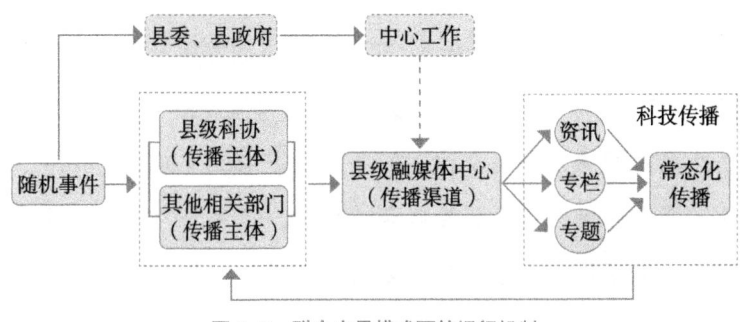

图3-8 联合主导模式下的运行机制

五、启示与借鉴

县级融媒体中心是县域基层舆论阵地的桥头堡和主渠道,是贴近群众、了解民意的"最后一千米",也是它,让党中央的声音传递到基层阵地的"最后一千米"。他们分别是主流舆论阵地、综合服务平台、社区信息枢纽,即服务政治,当好喉舌，服务群众，以群众需求为驱动做好各项传播工作。

（一）进行全渠道布局，构建融媒体矩阵传播网络

融媒体中心采取全渠道布局的形式，推进媒体融合发展，选择以中央厨房为中心架构的技术方案领域，形成一体策划、一次采集、多种生产、多元传播的融媒体传播格局，在宣传载体上以打通报、网、端、微多终端的传播矩阵，使传播效果最大化。

（二）高质量产品频出，鼓励释放融合影响力

融媒体中心在融合传播、扩大声量方面发挥了重要作用。县级融媒体中心要增强服务意识，开展科技传播、应急科普，关心百姓健康、疫情防控，关注民生需求、传递百姓心声，切实履行引导群众、服务群众的职责。以人民为中心，做美好生活的陪伴者，做公众所需要的新平台。第一，瞄准田间地头，助力乡村振兴。应对基层公众日常生活进行观察和记录，把镜头聚焦在田地山间。通过新媒体的流量优势来盘活农村资源，精心组织开发适合融媒体传播的内容，尝试制作各种形态的作品。第二，优质资源下沉，分类持续推送。应做好优质科普资源的常态化传播工作，通过现有传播渠道，将优质科普资源下沉，针对基层公众开展精准推送，切实提升基层科普服务水平。第三，聚焦多方优势，做细做精内容。分析现有的科技人员、科技知识的优势，科技知识与当地公众

间有机连接。以公众急需的内容为切口进入，做到有效、有用。

（三）以融合传播的力量推动融媒体进入社会治理体系的能力现代化

县级融媒体中心整合媒体资源，构建起完整的传播体系，既注重新媒体传播矩阵，又重视电视、广播。县级融媒体中心肩负服务县域经济社会发展的职责和使命，围绕中心工作，组织开展内容丰富的活动（以助农脱贫攻坚为主线，利用融媒体中心开展农业科技传播、直播等）。县级融媒体中心建设不仅是新闻单位自己的事情，也不仅是新闻舆论工作内部的转型升级，而应该上升到县域发展的层面来推进。只有将融媒体中心建设纳入县域经济发展的战略体系和基层社会治理体系，才能最大限度地整合各种政治资源、思想文化资源、公共服务资源和数据平台优势，使县级融媒体中心既能为媒体深度融合发展赋能，又能为基层社会治理提供更真实、灵敏、智能的传感器、瞭望塔和沟通协商的纽带。

加大媒体与业务融合，成功孵化"黄埔政法融媒"

【案例来源】广东省广州市黄埔区融媒体中心

一、基本情况

黄埔区位于广东省广州市东部，总面积484.17平方千米，全区常住总人口数126.44万人。截至2021年2月底，全区辖16条街、1个镇。

2019年6月25日，黄埔区融媒体中心获批成为广州市首批区级融媒体中心。8月28日，黄埔区融媒体中心正式运行。通过流程优化、平台再造，构建覆盖"报刊网端微屏"六位一体的全媒体矩阵，覆盖用户超过150万。2020年5月，黄埔区融媒体中心正式入驻科学城绿地中央广场，标志着该区新闻舆论工作和融媒事业发展进入新阶段。中心掌握最前沿的科技产品融媒云、H5、VR等创新技术手段，拥有1,500平方米的融媒体中心功能用房和无人机等高科技设备。

二、入选理由

黄埔区融媒体中心瞄准"全国一流融媒标杆",积极拓展融合路径,高标准推进媒体融合发展,在构建覆盖"报刊网端微屏"六位一体全媒体矩阵的基础上,创造性地建设融媒体孵化器,加大媒体与业务领域的融合,进行专业领域的项目孵化,实现"媒体生态体系"和"业务生态体系"互通互融,成功打造了广州领先、全国一流的具有黄埔特色的融媒体平台。中心成功孵化的广东省首个区县政法融媒体中心——"黄埔政法融媒",定期对外发布"黄埔平安指数",成为黄埔区推进社会治理现代化的具体举措,对广州市平安建设和政法工作具有示范和引领作用。虽然"黄埔政法融媒"和"黄埔平安指数"没有直接对科技传播中的精准领域与精准内容给出明确答案,但其在政法领域的成功做法,为县级融媒体中心开展科技传播提供了较好的启示与借鉴。

三、特色工作

(一)打造全国一流融媒标杆,为区域政法系统提供支撑

黄埔区融媒体中心成立之初就将目标瞄准为"全国一流融媒标杆"。黄埔区融媒体中心积极拓展建设具有区域特色的新型主流媒体和综合服务平台的新路径。黄埔融媒体中心

构建覆盖"报刊网端微屏"六位一体的全媒体矩阵。中心设有7个融合部门，有《黄埔新时代》报纸、《黄埔新生活》杂志、《今日黄埔》电视节目、黄埔区信息网、"到黄埔去"App，以及"广州黄埔发布"等微信微博平台，同时开通人民号、头条号、抖音号等媒体号，形成全方位立体传播格局。其中"到黄埔去"App下载量超30万人次，微博粉丝数6万+、抖音号"广州黄埔发布"粉丝60万+。南都大数据研究院发布的《广州11区政务新媒体榜》显示，2020年"广州黄埔发布"荣登榜首，夺得政务微信号总阅读量第一名；2021年"广州黄埔发布"较2020年下降两名，但处于前三名之列。该融媒体中心对于政务号的理解，以及政务融媒体产品的生产与创作有较好经验。黄埔区融媒体中心传播矩阵的搭建为区域政法系统聚焦行业传播提供了渠道支撑。

（二）构建区域"政法融媒"评价标准，推进社会治理现代化

2020年9月29日，广东省首个区县政法融媒体中心——黄埔区政法融媒体中心"黄埔政法融媒"揭牌成立。该中心由广州市黄埔区委宣传部、区委政法委联合建设，是黄埔区融媒体中心首个孵化项目。

揭牌仪式上，"黄埔平安指数"同步上线，按周度和月度向社会公布。"黄埔平安指数"以大数据、智能化为依托，通过11个一级指标和25个二级指标的评价体系计算得出。

评价内容涵盖包括社会稳定、安全生产、生态安全、社会治安、社会共建、城市管理、市民诉求等内容。"黄埔政法融媒"的成立和"黄埔平安指数"的发布是不断提升政法公信力、影响力和传播力的创新举措，是积极拓展建设具有黄埔特色的新型主流媒体和综合服务平台的新路径。

（三）建立高效采编管理制度，提升传播能力和水平

在"黄埔政法融媒"建设过程中，区融媒体中心发挥自身优势资源，积极助力"黄埔政法融媒"有序规范运行。此外，"黄埔政法融媒"还通过制定专项培训制度，构建日常培训、专题培训、轮岗交流等多样化、常态化全媒体技能培训体系，提升融融媒体中心工作人员的业务能力。

"黄埔政法融媒"加大传播渠道的融合。以"黄埔政法"微信公众号为轴心，以全区政法系统各新媒体账号为载体，构建黄埔政法融媒体联盟，多渠道推动全区政法工作。

"黄埔政法融媒"加大内容生产团队的建设。一方面整合融媒体中心自有的采编力量；另一方面将全区各政法单位的宣传力量有效整合，组建了一支兼具政法专业知识和传播技能的高素质的全媒体内容生产团队。团队成员相互学习与交流，为专业领域的传播提供了示范。

"黄埔政法融媒"还制定了科学高效的采编管理制度，建立相应的内容生产与管理系统。围绕区委政法领域的中心工作，通过议程设置明确传播主题，大力宣传先进典型和先

进经验，让政法宣传更加有深度、有温度、有速度。有效提升政法宣传内容的舆论引导能力，进一步提高传播效能。

四、模式总结

广州市黄埔区融媒体中心在政法领域传播的模式属于联合主导模式。第一，从传播主体方面看，在联合主导模式下，科技传播是以县级融媒体中心和相关部门为主体联合开展专业领域传播工作。在这个过程中双方地位相同，共同负责采编，共同负责传播。第二，从驱动因素上看，在联合主导模式下，驱动县级融媒体中心开展专业领域传播的因素是将专项内容的传播纳入其工作范围，有明确的目标与指令，即相当于一个专题栏目。第三，从传播范围上看，在联合主导模式下，传播内容和框架设计较为完整精准，核心内容具有权威性。第四，从传播形式上看，在联合主导模式下，县级融媒体中心开展传播的表现形式主要体现在设置专栏专题、创作提供行业资讯和发布权威信息。基于专业领域的联合模式其优势在于合作关系更为明确，联合效果更为突出，在长期持续合作的情况下，可以有效提升专业领域的传播能力与传播水平。

联合主导模式下的运行机制为工作任务所驱动，为专业领域进行传播是其工作的重要内容。此模式在县级融媒体自身传播能力与人才具有相当优势的情况下方可采用。这个模式的核心在于鼓励更多的部门与机构如何有效地与县级融媒体中心融合，让业务领域的传播成为县级融媒体中心的任务，利用专业平台多元融合，明确责任，有序推进，权威发布（见图3-9）。

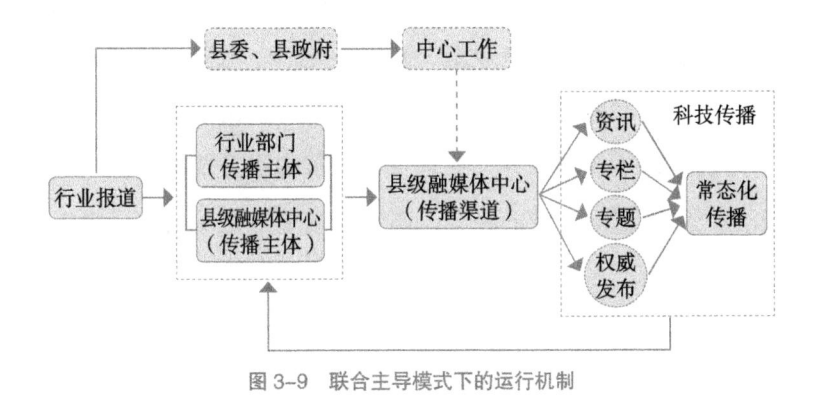

图3-9 联合主导模式下的运行机制

五、启示与借鉴

以黄埔区融媒体中心为例，借鉴"黄埔政法融媒"和"黄埔平安指数"的系列做法，提出将成功经验移植到科技传播领域的可能性，即设立县（区）科技融媒体中心、构建"科技融媒指数"、编写县（区）科技融媒体中心"传播指南"，打造专精特新的科技传播样本，建立完善的全媒体传播体系及县区级融媒体矩阵，助力科技传播和单一领域精准发展，高效推动科技传播工作；制定完善各项政策措施，确保平台规范化常态化运行。

(一)完善的全媒体传播体系是科技传播的基础

黄埔区顺应全媒体趋势,增强全媒体意识,把握全媒体规律,大力支持融媒体中心建设。"中心"位于黄金地段,整体面积5,700平方米,2020年5月正式投入使用。中心融媒体功能用房,高起点规划、高标准建设,为引领和带动媒体深度融合发展提供了硬件支撑,成功打造出了具有全国影响力的全媒体传播体系。在自身传播能力提升情况下,注意拓展,注重精准领域的融合,高效推动精准领域的舆论宣传工作。

区融媒体中心可参照黄埔区政法领域的成功模式,在科技科普领域进行复刻。与科技主管部门多方联合共建矩阵联盟,构建"科技融媒指数"支撑政府科技创新与科学普及工作。县(区)科技融媒体中心可由县(区)区委宣传部、县(区)科技协、县(区)科技局和县(区)融媒体中心联合打造。采取专业媒体与科技宣传部门、各政府职能部门的宣教人员,合作共建的方式,整合科技、科普、应急、卫生等,组建一支科技(普)内容生产团队。打造以"县(区)科技"微信公众号为轴心,辐射带动县(区)科技主管部门、行政主管部门宣教职能媒体账号的矩阵联盟。在科技创新发展较好的地方率先构建"科技融媒指数",旨在通过融媒体中心反映区域科技发展与科学普及状况,为政府主管部门在科技创新政策的制定与区域科学文化的构建方面提供支撑,助力科技成果转化。

（二）单一领域精准发力，高效推动科技传播工作

"黄埔政法融媒"是黄埔融媒体中心在融合中朝着"专精特新"发展迈出的坚实一步，也是推动政法舆论宣传工作在新时代高质量发展的鲜活实践。"中心"以统筹官方网站、微信、微博平台为切入点，打造思想引领、舆论引导、融合发展的新高地。在不断夯实自身传播力的基础上，瞄准单一领域精准发力，为以融媒体为依托、生动讲好科技故事、传播科技知识、发挥新时代和科普工作的高质量发展，提供了启发与借鉴。

设立县（区）科技融媒体中心，明确"中心"发展核心，以"专精特新"为目标，是县级融媒体中心做好科技传播的路径和方向。县（区）科技融媒体中心建设的基础有三点：第一，县（区）科技融媒体中心的设置，应与原本传播能力强、已构建较好的传播矩阵或成员有创作能力的，但科技传播还未有效开展的县（区）融媒体中心相匹配。第二，在县（区）政府中，将科技创新作为重点工作的县（区），让县级融媒体中心工作与县（区）中心工作相匹配。第三，县级融媒体中心将"融合+"作为县级融媒体中心的核心发展方向，以"专精特新"为县级融媒体中心的发展目标，使科技传播的内容与县级融媒体中心相匹配。

（三）制定标准化传播指南，保证平台常态化运行

"黄埔政法融媒"和"黄埔平安指数"的构建与常态化运

行，需要县级融媒体中心给予政策与措施的有效配合。尤其是在传播内容方面以及传媒人员培训方面，更加需要县级融媒体中心的支持和指导。在传播内容方面要结合具体的领域与内容开展培训；在人员培训方面，要结合加强人员与领域的融合度、提高领域与行业意识开展培训，通过持续学习提高融媒体队伍的专业性与行业敏感度。

要基于县（区）科技融媒体中心的传播内容、传播数量、传播频次、传播形式等，编写县（区）科技融媒体中心传播指南，提升基层媒体关注度，加大与公众的互动。以深度融合为基础，县级融媒体中心应着力通过为公众提供公共服务来吸引受众、重获关注，把县域受众的目光重新聚集在基层媒体上，引导人们主动协同参与到社会治理中来，以此加强基层媒体的传播力、舆论引导力。在加强科技引领与公众的互动中，实现"媒体+政务+服务"的有机融合。

视科技传播为己任，
彰显新媒体的责任与担当

【案例来源】海南省定安县融媒体中心

一、基本情况

定安县位于海南岛的中部偏东北，东西宽45.5千米，南北长68千米，疆界长251.5千米，面积1,189平方千米，2020年全县人口达到28.46万人。

定安县融媒体中心于2020年4月27日挂牌成立，由原定安县新闻服务中心与原定安县广播电视台融合而成，统筹整合台、报、网、端、微等媒体资源以及人、财、物资源，建成新形势下的融媒体宣传矩阵。中心设总编室、采编部、制作部、新媒体部、办公室、专题部、技术部、通联部等八个部门，拥有《今日定安》报、政府网站、"定安发布"微信公众号、"静美定安"App、"定安发布"抖音、"定安发布"视频号、"定安发布"头条号、"定安发布"快手号、"定安发布"微博号、"定安发布"西瓜视频号、定安电视台、定安广播97.5等报、刊、网、端、微、屏10余种传播载体，充分实现内容共享、渠道共享、技术共享、人员共享的深度融合。

二、入选理由

面对不断发展变化的传播环境，作为传递信息、引导舆论的主流媒体，定安县融媒体中心牢记职责使命，积极履行社会责任，充分发挥媒体间深度融合和聚合共振效应，在全媒体平台推出《脱贫攻坚》《疫情防控》《人才系列》《岗位大练兵》等科技类专题专栏，普及科学知识，弘扬科学精神，为定安创新发展营造了浓厚的舆论氛围，彰显了媒体的责任和担当。2021年，定安县融媒体中心主动发布《定安县融媒体中心社会责任报告》，其中将科技传播与科学普及工作分解，纳入媒体责任的各个环节之中，持续推进、创新工作表达，为县级融媒体中心在自觉主动履行社会责任、提升新闻业公信力的基础上，有效融合科技传播提供了示范。

三、特色工作

（一）强化政治责任，聚焦乡村振兴

党的十九大明确提出了乡村振兴战略。作为基层新型主流媒体，定安县融媒体中心坚持党媒姓党，树牢政治意识，坚持正确导向，自觉承担社会责任，多方发力服务乡村振兴。中心以"信息服务员""故事讲解员""发展好参谋""宣传好帮手""士气助推手"的身份，聚焦乡村振兴，全局谋划，充分调动全媒体资源，深入基层，联动发力，全面融入乡村振兴工作大局中，以媒体宣传的形式精准助力乡村振兴，成为服务乡村振兴的重要力量。定安县融媒体中心主动与《海南日报》《南国都市报》等海南省各大主流新闻媒体沟通，围绕定安脱贫攻坚主题，全力做好内外宣传报道。由中心生产发布的消息《定安·咖啡树成了产业扶贫的扶贫"造血"试验田》《定安定城镇巡崖村杨彬：从贫困户到致富能人》均荣获海南省广播电视协会的电视新闻类三等奖。在《海南日报》头版头条刊登的文章《定安：产业聚能点亮乡村振兴路》《百果园里的"一家人"》阅读量110多万次，李国超先进事迹广受好评。

（二）弘扬文化责任，展示脱贫成果

举办"脱贫之星"摄影展。定安县融媒体中心聚焦乡村振兴，精心策划制作了以定安县"脱贫之星"为主角、定安农副产品为道具，以创意艺术肖像摄影为表达方式，通过巨幅摄影图片和生动的宣传标语，展现当地农民脱贫致富、庆祝丰收的欢乐形象。一经推出即被中外各大主流媒体纷纷转载，中国国际电视台（CGTN）刊播题为 Portraits of happiness from China's poverty alleviation 文章；《光明日报》《谁说农民不能拍大片？》阅读量2.9万次；《海南日报》《海南这组农民"大片",把我看呆了!》阅读量 5 万次;观察者网《海南脱贫农户的宣传照,很有精神》阅读量 7.6 万次;海南广播电视总台《谁说乡土不能出大片?海南这个摄影展简直不要太飒!》阅读量 1.1 万次;网信海南《太惊艳!海南这组农民"大片",把我看呆了!》阅读量 1,238 次,微博话题"海南农民时尚大片庆丰收"阅读量达 27.5 万次……据不完全统计,各主流媒体微信公众号、微博、抖音阅读量突破 100 万次。

讲好"脱贫之星"故事会。以故事讲述、访谈和播放贫困户脱贫 VCR 的方式,邀请县领导与各镇推荐的 50 名脱贫之星共话脱贫攻坚的难忘历程,用自己的话讲身边的事。奋战在脱贫攻坚一线的扶贫干部、帮扶责任人、驻村干部、第一书记和脱贫典型代表,用朴实的话语、真诚的表达,讲述脱贫路上的故事,引起现场观众的强烈共鸣。每一个故事都是对脱贫攻坚战役中的精彩回顾,也是一份力量,鼓舞和激励更多的党员干部群众勇敢面对新生活的挑战。

(三)牢记服务责任,聚焦科学普及

定安县融媒体中心通过开设专题、设置专栏,及时向公众刊播政务信息、宣传惠民政策,反映百姓呼声,发挥了"上连党心、下接民心"的桥梁纽带作用。

抓好常态化科学普及。积极搭建信息服务平台,开设《安全知识科普》《疫情防控》《一看就懂》《安全用电》《科普小贴士》等专题专栏,发布防疫科普信息,普及科学知识,推动公众科学素质提升。疫情防控期间，坚持实时普及推送疫情防控政策法规、疫情形势、防控小常识等。聚焦健康科普，在微信、App等开设"科普小贴士"等健康专栏。

突出报道重大科普活动。县融媒体中心及时跟进重大科普活动，并予以重点宣传报道。2021年全国科普日期间，将科普日活动与中国流动科技馆海南巡展（定安站）启动仪式相结合；2021年10月12—17日，对县应急管理局（地震局）、县应急服务中心开展以"构建灾害风险适应性和抗灾力"为主题的科普宣传系列活动；2022年6月对定安县应急管理局、公安局、消防救援大队等联合开展以"遵守安全生产法，当好第一责任人"为主题的2022年"安全生产月"咨询日活动等，通过全媒体多渠道的宣传报道，活动影响和效果进一步扩大。

及时报道突发事件。突发事件发生后，县融媒体中心快速反应，坚持第一时间到达现场，发布权威资讯。坚守责任初心，遵守"最小伤害原则"，严防出现二次伤害，真实记录突发事件中的暖心场景，推出《轿车与货车高速相撞 定安消防紧急救援》《3名南渡江溺水学生全部找到 均已无生命体征》《小货车行驶中发生火灾 定安消防紧急扑救》等稿件。

四、模式总结

海南省定安县融媒体中心的科技传播属于媒体责任主导模式。媒体责任是社会和公众的期望，也是媒体自身生存和发展的需要。媒体责任主导模式是把媒体披露作为"政治责任",在责任视角上增加了舆论监督功能。定安县融媒体中心开展科技传播工作,与县级融媒体中心驱动的相同之处都是由融媒体中心发力,主要差别在于县级融媒体中心主导模式是把科技传播作为一项任务、一项工作,持续有序开展。而媒体责任主导模式是把科技传播提升至媒体社会责任的范畴,站在更高层次思考开展科技传播的渠道和措施。

第一,从传播主体上看,在媒体责任主导模式下的县级融媒体中心具有传播主体和传播渠道的双重特性。意味着在这种模式中的县级融媒体中心,作为传播主体基于自身属性提供传播渠道便利。第二,从驱动因素上看,在媒体责任主导模式下,驱动县级融媒体中心开展科技传播的因素是媒体的独特功能和社会责任。第三,从传播范围上看,在媒体责任主导模式下,科技传播内容涉及科技、教育的内容,传播内容覆盖面相对宽泛,科技传播工作体现在不同领域的高端引领及科技前沿,并与县级融媒体中心模式一致。第四,从传播形式上看,在媒体责任主导模式下,科技传播的表现形式与县级融媒体中心模式一致。

媒体责任主导模式下的运行机制侧重强调媒体主动开展有温度、有态度的科技传播。不仅作为渠道传播,而且将科技传播内化于传播内容之中,使媒体履行社会责任的站位更高,更容易赢得公众的信任和支持,从而促进媒体公信力和引导力进一步提升(见图3-10)。

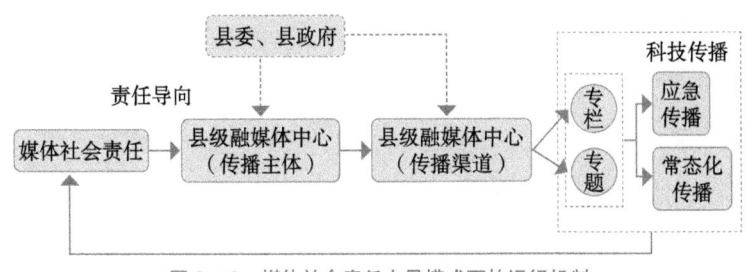

图 3-10　媒体社会责任主导模式下的运行机制

五、启示与借鉴

（一）媒体社会责任报告范围延伸至县级融媒体中心

2020年，中共中央宣传部、中国记者协会发布了《媒体社会责任报告制度实施办法》，从履行政治责任、阵地建设责任、服务责任、人文关怀责任、文化责任、安全责任、道德责任、保障权益责任、合法经营责任共9个方面予以规定，并对上一年度的不足进行回应，提出改进方法。媒体社会责任报告制度在多年发展的过程中，媒体报告范围逐步扩大，评议指标细化、报告的形式创新和量化创新、对报告的评估和结果运用也有所加强。制度化、规范化得到强化，实施办法细则得到完善，报告内容、发布流程、评议指标、成果运用等进一步规范，媒体社会责任标准评估指标与体系更加细化，媒体社会责任报告工作的规范化、科学化得到落实。在媒体社会责任报告本身的完善与发展过程中，县级融媒体中心也主动按照《媒体社会责任报告制度实施办法》发布县级融媒体中心的社会责任报告。

（二）县级融级融媒体中心将科技传播纳入媒体责任

对媒体而言，参与媒体社会责任报告制度，向社会公布媒体履行社会责任的年度情况，在提升媒体影响力和传播力的基础上可进一步获得公众的支持，同时促进媒体自我革新。定安县融媒体中心主动作为，将科技传播与科学普及纳入其工作的范围，作为媒体的一种责任予以贯彻与落实。不同的媒体认知不同，技术手段与表达方式不同，工作数量不同，工作效果也有一定的差异，但作为媒体对科技与科普的传播责任完全认同，且已有效融入。

（三）把科技传播与科学普及工作纳入《媒体中心社会责任报告》考核体系

从《媒体中心社会责任报告》可以看到，发布报告的各新闻媒体始终坚持党的领导，坚持以人民为中心，坚持社会主义核心价值观，并指导各自的新闻实践和媒体发展，围绕脱贫攻坚、乡村振兴、疫情防控等重大主题，从科技、文化、教育、医疗卫生等不同层面进行深入报道，以科技创新驱动发展，用科技知识助力乡村振兴。在推动党和国家重要战略、决议、方针与政策落地生根的实践中，凸显了媒体的思想引领作用。

上述3个方面仅在一些科技传播意识较强的融媒体中心

出现，一些省份未将县级融媒体中心纳入《媒体中心社会责任报告》；一些纳入《媒体中心社会责任报告》发布的县级融媒体中心，对科技传播相关的内容与现有媒体责任如何融合也没有深入的思考。从《县级媒体中心社会责任报告》出发，提炼各县级融媒体中心在科技传播方面的理解与表达，在对应的不同指标下，量化内容、明确指标，以指标体系为标杆，以评促建。从制度与规范的角度，将县级融媒体中心科技传播纳入媒体社会责任的范围，使其能够长久持续，同时以县级融媒体中心为切入点，带动各级、各类媒体将科技传播纳入其社会责任范围，从媒体视角促进国家科技传播体系的构建。